U0060252

野男人的
投資叢林
生存法則

高朕慶／著

推薦序1

高朕慶的出場，就是要配著灌籃高手主題曲。

滿滿的熱血，速度感，努力不懈，男子氣概與美少女。

挫敗後站起來，

對教練大聲哭喊：教練，我好想打籃球……

如果這比喻太老派，那他就是鬼滅之刃裡的煉獄杏壽郎吧！

相信你絕對可以比昨天的自己更強大。

相信讓心燃燒可以百憂解。

但書裡的他，歷經了抗癌與創業，對於人生的體悟，多了一層同理與溫柔。

炎柱還在，只是更成熟了。

在這個小確幸當道，躺平主義盛行的年代

讀到這本精彩的創業書，暖暖的正能量還是無比受用！

金鐘導演

高柄權

推薦序2

　　Marco之於我一直是個謎，比如他的藝名為什麼是「Marco.Rose.Kao」，到今天我也不知道。但是，從認識他的第一天起，我就知道，他是個好人。

　　回想起來，Marco的確是個「野」人，渾身上下散發著不羈的氣息，眼神銳利，當時與我同行的妹子偷偷跟我說：「他看起來好兇狠呀！我有點怕他⋯⋯。」可是我卻覺得他這人挺溫柔的，還比較真誠，於是有回臺灣的時候，總是喜歡去他那裡坐坐，找他聊聊天。後來慢慢就發現這個人挺有才華的，是多面手，有經營管理的能力，有前瞻的眼光，也有噴薄的藝術細胞，還有一顆熾熱的赤子之心。

　　聽他談人生、談事業，尤其容易讓人產生一種在看青春片的錯覺，那種什麼《天若有情》系列的、載著妹在仰德大道上飆車，摔得頭破血流依然笑嘻嘻地在公路上高速馳騁，為了兄弟、家人、女友兩肋插刀在所不辭之類的，大概就是這樣的畫面，在我難以想像，而在他卻是稀鬆平常。而在Prozac Balcony昏暗的燈光下，Pink Floyd迷幻的音樂中，他輕描淡寫的態度，讓他的「歷史」又多了點超現實的味道。

　　「這個人竟然把自己活成了少年漫畫裡的男主角呀！」我記得當時是這麼想的。

　　而《野男人的投資叢林生存法則》大概就是他一個人的「熱血物語」吧。它記錄的當然不只是Marco這個野男人蹚過的狂

野青春，也記錄了他跌跌撞撞、從肉身到靈魂、從校園而職場而人間修羅場一路升級打怪的歷程。作者面對挫折的態度尤其令人激賞，那些生命中不可承受之痛，比如與摯友絕交、壯年罹患重病、生意屢遭滑鐵盧等，都未能使他意志消沉；而在走過死蔭幽谷之後，他坦率地面對自己、面對生活，又一次重整旗鼓、開疆闢土，展現的確是企業家精神。作者還特別不吝與讀者分享他的生意經，從房屋仲介、室內設計、餐飲業、經營管理到投資理財，他一路摸著石頭過河，總結了許多寶貴經驗和處事原則，十分發人深省，對打算入場投資或自行創業的小白，尤其有啟示意義。

　　總之，這是一本有趣的創業教戰手冊，也是一本充滿熱血的勵志書，讓我們跟著Marco一起，在後疫情時代，找准自己的定位，找到自己的核心價值，提升自己的核心競爭力吧！

福建師範大學文學院助理教授

王申

自序

得癌症很恐怖嗎？　是還滿恐怖的。

會死嗎？　不一定。

治療會很痛嗎？　會。

會有甚麼後遺症呢？　滿多的。

會好嗎？　不一定。

或許，除了這些答案之外，比較令人恐懼的可能是這些圍繞在腦子裡的這些回音吧。

嗯，面對了，其實就還好了。

反正，有出生就會有死亡，很公平，每個人都會遇到；而有開始就會有結束，有人中樂透，也有人出車禍，發生意外，這些也都是人生的一部分。

而我的人生到此，從過去的經歷當中，經歷過一次次面對到無知與恐懼的未來，也像是股票波段高低的漲跌，也可能是因為這樣，才算是認真地活過一回吧。

截至目前為止有過的身分：

運動員、飆車族、銷售員、電子公司作業員、房屋仲介、室內設計師、不動產、股市投資客、酒吧吧台、調酒吧老闆、精釀啤酒吧老闆、台商、餐飲品牌創辦人、餐飲業策略長、咖啡師、咖啡店負責人、藝術家……。

癌症患者……

後來才知道，原來陸續重疊做了這麼多事這樣叫做斜槓，私校畢業，家境純樸，自小鍾愛籃球與繪畫，每天瘋狂的練習，期待能越來越強，登上夢想的舞台，雖然不知道在哪，但並沒鬆懈過，而一直被家人打臉拒絕……

大專時期，住校，遠離家裡，但仍在球隊活躍，被教練視為明日之星，直到開始飆車……

第一次進入酒吧業，一直覺得兄弟是最重要（不是家裡的親兄弟），當兵時期遇到了一個4～6人部隊，就這樣混了2年，還當了主官……

退伍後迷惘，先找最具挑戰的房屋仲介工作，被騙完之後，靈光乍現投資自己上室內設計課程後奢望會變成設計師，後來真的變成了。

也跟上了房市上漲那一波，當了投資客，也帶了不少設計師，然後這樣就過了快10年，結了婚，也有了小孩。慢慢發現，陪伴是一件很重要的事，也發現，有些事不做，以後也不會做了。

然後，酒吧就開了。1年後搬家，……2年後，開了第二間，3年後開到中國去了。

接著再協助另一個團隊成立餐飲品牌，然後開餐廳：1間、2間、3間、4間、5間、6間。看似精彩的人生，也正是瓦解的開始，然後所有的不幸就開始了。

中國投資的酒吧遇人不淑，過去的幹部不牢靠，結拜的酒吧創辦人選擇出走。餐廳虧損，第二間酒吧轉讓，同時餐廳擴編、

開店、收店、招外資、減增資，還有股東的債務關係，做生意該遇到的，大概都沒少遇到、可能還更多。

而過程中想試著堅強與穩住陣腳，釐清煩中錯亂的思緒，慢慢整理的同時，被醫生確診「**鼻咽癌第三期**」！

黑白的人生變得更黑白，比悲傷顯得更悲傷，只好開始不斷與自己對話，並且不斷告訴自己，撐過去再說。

人生的大轉彎，想起了小時候心裡的聲音，也思考著人生，最後剩下的是什麼？

想要的到底是什麼，而你最重要的是什麼？

是藝術家／創作家？

於是，就朝著這個方向走了。人生，應該就是從不斷的錯誤，去修正自己適合的方向吧。至少不要到臨終前發現自己人生最後悔的事，原來是甚麼都沒為自己做過……

也發現了原來在你身邊的事物，

消失了，

也才是真正的存在。

目錄

|前言|誰是野男人？
—— 創造被動收入，掌握主動人生 ——

我是野男人，奉行酒精滋養精神、旅行滋養靈魂的生活守則，抱著「不精彩，吾寧死」的想法，過著十年室內設計、十年酒吧餐飲的精彩人生。

　　我認為，凡事嘗試過才能親身體驗每種感受，雖然過程中有時會讓自己不舒服，不過最終經歷過的深刻體驗，才能豐富人生。所以「野」這個字，縱有「狂野、野蠻」的字義解釋，但也代表了不畏挑戰、視野豐富的人生格局，這是我為什麼自許為「野男人」的初衷。

　　做為一位野男人，你不一定要很厲害才能開始，但是你必須開始才會變得很厲害。

　　因為人都會有慣性，在舒適圈待久了，慢慢的也會忘記要「如何開始」。定期閱讀、重拾畫筆、培養運動習慣……和很多人一樣，對於這些在我心中一直很想開始做的事情，總會用千百個理由告訴自己，現在時機不對、我太累、沒有時間……因而遲遲沒有行動。

　　閱讀、創作、運動……這些習慣帶來的成效絕非立竿見影，而是以「年」計算的。過去十年，我真正有所行動的是「創業」和「投資」，而這兩項也都給了我豐厚的回報。

　　我想活出自己想要的樣子，毅然從穩定的設計公司主管職跳出來創業，進軍餐飲業。從街邊店、商場店中店、中央廚房，到統櫃、調酒吧、精釀啤酒吧、咖啡店……開過十多種不同屬性的店面，地點從台灣開到中國大陸，當中有成功的，也有失敗的。

　　對於自己的事業毫無保留的付出，卻時常忘了創業的初衷是

「希望能多一些時間陪伴家人」；也因爲過於感情用事，困難都選擇自己吞，直到2018年確診罹癌，才明確感受到「時間」很公平，無論你貧窮或富有、健康或病痛，它都一樣的現實。

　　一場大病，進而讓我對自己生命的重要事項重新排序，也覺得應該把這些年經歷過的記錄下來，分享給抱持著和我當初有相同想法——希望藉由創業或開店增加收入的朋友，增加主動收入固然重要，但是「創造被動收入」這件事才是財富自由的關鍵，尤其在失去生產力跟工作能力的時候。

做時間與生活的主宰

　　偏偏「創造被動收入」這件事並不是馬上做，馬上有成效，必須及早規劃、及早開始，再加上投資方向正確、持之以恆，才能朝向「被動收入大於主動收入」的目標前進，才能夠主宰自己的時間，讓自己與家人有保障，進而具體實現人生。

　　當你把視野放寬到「投資」這個面向時，創業開店就只是增加收入的其中一個選項而已，而且還是屬於主動收入，我們是否可以把手邊的主動收入轉換成被動收入？當然可以，現階段我就留下可用「被動收入」來定義的酒吧、個人工作室與咖啡店。

　　除了開店以外，可創造被動收入的工具還包括，過去15年我從法拍市場開始，到整修老屋、自租自管的長期收益規劃，目前在台北、桃園、台中、高雄都有不動產投資標的。至於投資股票，我也透過長時間的自學和運作模式，期間繳了不少學費，也

不斷調整到適合自己的運作方式，近期連續三年年化報酬率都超過20%以上，2021年超過35%，算是小有斬獲。

　　不管是開店創業、投資不動產或股票，都是創造被動收入的方式，等到被動收入大於主動收入時，人生的選擇權就變多了，你可以繼續手邊維生的工作，也可以選擇轉業，開啟你的第二人生。不過，真要實現財富自由，需要時間慢慢累積，在累積的過程中維持本業是必然的，一來是維持主動收入，提高投資本金，再來是降低風險，如果在創造被動收入的過程中出了差錯，起碼還有本業的主動收入支撐。最理想的方式還是保有自己有專業且有熱誠的工作，然後不斷的創造被動收入。

新斜槓人生的開始

　　當收入來源不只有單項的主動收入，就是所謂「斜槓人生」的開始，更是邁向不用為了錢煩惱，可以實踐自我第二人生的開始。是的，你必須開始，才會變得很厲害；培養能力如此，累積財富也是如此。

　　書裡的內容都是出自於野男人親身經歷的投資心法，當中有成功的，也有失敗的；其中有一些人生故事，也有不斷與自我對話後得到的感悟和啟發。 如果你也思考過以下幾個問題：

　　1. 你有一份收入不錯的專業工作，但為了維持收入，這樣的生活將重複十年、二十年，你想繼續這樣，還是做些改

變？

2. 你知道身邊有人不是只有一份工作或收入，但你卻覺得斜槓人生好像代表了什麼都嘗試，但卻什麼都不專精？

3. 你的人生排序是什麼？最重要的是財務自由、自我實現、還是家人、健康？而你願意花多少代價去實現它？

4. 你想過「創造被動收入」這件事嗎？並且認眞思考過該怎麼開始嗎？

5. 投資，難道只有在「金錢」這件事上嗎？

那麼，你就是這本書的潛在讀者了。

希望看完這本書之後，你也能**跳脫一成不變的單槓人生**，過著既保有工作專業，也擁有多重職業、多元收入的新斜槓生活，而那也將是你「創造被動收入，掌握主動人生」的開始。

| CH1 |
不平安的平安夜

2018年12月24日，對我來說是一個非常不平安的平安夜。

那是一個星期一，經過先前的高規格自費檢查、各科會診，切片報告出來，我罹癌了，是鼻咽癌。回診當天就被留下來住院，經過了一個不平安的平安夜，第二天（12/25）開始進行一連串的細部檢查，包括：

1. 早上照腹部超音波，確定是否有肝臟移轉。
2. 中午照核磁共振（MRI），用以確認癌症期數來決定治療方式（是否化療），以及是否繼續做其他檢查。但是沒想到，戴了快兩年的牙套導致核磁共振無法顯影，只能提前結束。
3. 下午四點，進行聽力測驗，確定我不是聾子。
4. 隔天，協調牙科會診，下午三點正式拔掉了我的牙套，並且告知以後重做要多花二萬元。為了日後的牙托和維持器，同時又做了三組牙齒模型。做的時候我的嘴巴裡一直維持著有黏土的狀況，感覺很差。
5. 下午六點，核磁共振造影完成。老實說，這是最不愉快的檢查，頭被固定，戴著面罩，全身無法動彈，吵雜的聲音持續快三十分鐘，讓我差一點併發幽閉恐懼症。
6. 晚上八點，進行最後一項唾液線檢查。不知道為什麼，進行檢查的程序竟是要我躺著喝檸檬汁！

我努力不往壞的方面想，但如果不是病情嚴重，為什麼需要做這麼多項檢查？比起嘴巴裡的檸檬原汁，五味雜陳的感受更讓

我覺得心酸。

沒錯，就是癌症三期

12月27日星期四，一早耳鼻喉科主任讀完病理報告後，匆忙的跑到我的病房，不巧我去外面吃早餐。正當他氣急敗壞的訓斥護理師時，我回來了，記得我當時還非常沈穩的跟他說，「別急，慢慢來，比較快。」

他會著急是正常的，因為我的癌細胞已經確認擴散到淋巴腺，也就是所謂的「癌症三期」。接下來就是要繼續往下檢查癌細胞是否移轉到其他部位，以判斷後續必須進行放射治療（放療）或是化學治療（化療），抑或是放療和化療都要。

我的病房頓時有如接待所，來了一批又一批的醫療團隊，早上來的是放射腫瘤科跟血液腫瘤科，到了下午，復健科、營養科也來了，晚上則是最重要的外科，同時照會放腫科主任，雙方溝通了後續的處理方式。

然而，所有檢查尚未完成，同志仍需努力。

12月28日星期五早上十點，安排裝設人工血管，聽說至少必須放在身上二年，以確保我在進行化療時不用一直打針。

【抗癌時期畫作1 變身】

　　進手術室之前，我還半開玩笑地說，這應該是變身「生化人」的必要裝備。人工血管手術正式開始，醫生注射了20cc的麻醉藥，但我還是痛，他語氣平穩、毫無起伏的說，這劑量已是使用麻醉的上限，然後劃開了我的左胸。縱然隔著一塊綠色的布，我看不見醫生是怎麼在我的胸口開洞，但聽到像是鑽頭的尖銳聲音靠近心臟，仍然覺得很恐懼。

　　人工血管手術完成，左胸上留有一個約莫5元硬幣大小的開口。只不過，麻藥都還沒退，我的頭也還有點暈，就又被推往下一個檢查站——進行正子掃描。

正子掃描和核子共振在功能上有相似之處，就是再次確認癌細胞是否轉移到其他部位，差別在於正子掃描是藉由輻射明確看出癌細胞移轉到其他部位的位置。

經過一個多星期的密集檢查，終於來到了最後一項檢查——定位掃描。根據醫生的說法，這項檢查可以確定「壞東西」的精確位置，等到做完臉部模型之後，再用0.2mm的螺旋刀噴它，希望經過30至40次的放療，可以徹底消滅該部位的癌細胞，然後再搭配化學治療，杜絕癌細胞復發。

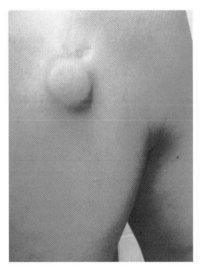

上述這一系列檢查如果是自費，應該要一、二十萬元，但因為確定是癌症三期，幾乎全由健保給付；檢查排程也很順利，一般要花上個把月的精密檢查，我只做了五天就全數完成，有效率到應該給醫院拍拍手；所以該說是幸運嗎？我苦笑著問自己。

留院檢查的這幾天，雖然可以請假回家吃晚餐，但每天晚上躺在病床上，我還是好想回家，好想離開這個令人恐懼的地方。我已經數不清身上有多少針孔，也不知道進出手術室幾次、麻醉了幾次……全麻、半麻、躺著、站著、坐輪椅、從這個檢查站到下一個檢查站，這些檢查當然不是什麼舒服的事，但遠遠比不上自己心裡的壓力。

接下來我會發生什麼事？

影響身體到什麼程度？

要治療多久？會不會好？

還是，我就要死了？

這些聲音一直盤旋在我的腦海裡，每一個待在醫院的晚上，我不斷地問自己這些問題，不斷的思考、痛苦、感傷、懷疑……不斷地覺得這一切應該是夢吧。

2019年1月1日，這個新年並不快樂，我好希望這一年能夠就此暫停。

調整心態，不再問「為什麼是我」

一直以來，我認為我的個人特質其中一項就是「勇氣」。

我勇敢衝，也勇於承擔，總是積極面對即將發生的事，過去談及生死的態度也算成熟。但是經過這一週的心情起伏，身體上的傷害、精神上的衝擊、糾結、拉扯，已經讓我不知道什麼叫做勇氣。

跨到2019年的那一夜，是這麼多年以來我第一次在家裡跨年，因為經過密集的檢查、扎針、放血、輻射、電磁波、顯影劑，進出開刀房，我實在是心力交瘁。

好在還有潔西的支持，她一方面要在工作上幫我撤櫃，一方面又要到醫院陪伴我，同時還要照顧三個小孩，蠟燭多頭燒，非常辛苦。但也好在有她的支持，讓我不管是在實質上或心理上，

還有一份鼓勵自己撐下去的力量。

老弱之人至少需要兩種勇氣，第一種是面對死亡的勇氣；第二種更難得，就是根據事實，勇敢採取行動。

我希望能成為典範，我要勇敢面對，採取行動！勇敢的第一步，就是調整心態，我要找回正向、積極、面對壓力也能自我調整的能力和特質！我知道無知是恐懼的來源，出院前我思考了很久，轉念了，不再問「為什麼是我」，而是花了一些時間把抗癌的相關資料整理齊全，認真評估後續的處理方式。

如果自己沒有面對過癌症，或是沒有陪伴親友經歷過類似情況，我想不會有人主動了解關於癌症的相關細節。甚至對於患者本身來說，在不了解病程的情況下，很容易自己嚇自己，還沒有開始治療就覺得是世界末日。

只能說，當下能夠做的事，就是調整心態，先確定現在病情是在哪一個階段，後續該做什麼事，而不用一直去想「為什麼是我」？「怎麼會這樣」？然後擬定治療計畫、做療程安排。

【抗癌時期畫作2 凝視傷痕】

雖然在抗癌過程中，時不時會有負面消息從腦中閃過，但我盡力讓自己的焦點投入在去了解、感受、觀察和思考，面對這個疾病我還能做什麼？也開始轉念，把這個經歷當成是樂透彩中獎，是萬中選一的獨特體驗，也是給自己重來一次的機會。

　　我哥有個理論，因為結婚的過程很辛苦，所以搞得越辛苦越好，這樣你只會想要有一次的經驗。**人性也是這樣，經歷過的越痛苦，越會回頭珍惜該珍惜的。**

　　尤其是像我一樣個性固執的人，即便知道自己的生活模式不那麼健康，也不會輕易放棄自己習慣、喜歡的生活模式，而癌症就是一個警告、警惕和提醒，給自己一次重新檢視人生的機會。

　　感慨，應該是當聽到有人罹癌時大多數人的第一反應。

　　「好可憐喔，小孩還那麼小……」

　　「這麼年輕就中……」

　　住院期間我聽過好多次這樣的感慨，有的還是出自於護理師……聽到這種感嘆時，我心想都會想：「呼，要嘛也說小聲點。」

　　一個人的時候，我自己也常常感慨，如果當初我定期健檢，早一點發現有腫瘤，現在會有什麼不同？如果在一、二期就發現，現在就不需要做放療加化療，治癒率是不是就提升了？

　　但事實就是，沒有「如果」，腫瘤已經發生了，而且一旦發生，癌細胞增長跟擴散的速度會加快，與其把時間拿來感慨和自憐，最好的做法是和醫生溝通之後，盡早決定開始治療的時間和方式。

抗癌，除了醫生建議的治療方式外，很多人都會找各式門路詢問，各方親友也會熱心提供各種建議。當時有朋友建議我做長庚的質子治療（最貴、號稱無副作用），但醫生聽了以後冷冷地告訴我，這個方式沒有足夠的醫療報告參考，不足以被信任，所以他並不建議這麼做。

　　至於新型的免疫療法跟標靶治療，由於在臨床數量上並沒有比一般抗癌所使用的放療和化療來得完整，治癒率相對地也會下降大約10%左右，所以醫生認為免疫療法跟標靶治療較適合使用在癌症復發的患者身上。

　　結論，主治醫生建議初次罹癌者會安排的治療方式，還是以放療和化療為主。後來證明，相信你的主治醫師，透過合理的溝通，才會有良好的治癒效果；過程中不管有什麼想法，都要和主治醫師積極討論，千萬不要跟醫生說一套，自己卻信另一套。

35+3，我的抗癌密碼

　　在抗癌過程中，我一直告訴自己，我只是得了「慢性病」，治療時間稍微長一點，有些不舒服的副作用，上天並沒有要結束你的生命。不過，在確定治療方式之後，我還是倒吸了一口氣，我知道這次的農曆年會是最難過的一年了，因為那將是副作用發作的高峰期。

　　相較於其他部位可以用切除病變組織的方式消滅癌細胞，鼻咽癌患者不可能切除臉和脖子，只能用放療加化療的方式治療。

放療部分分為自費跟健保，價格差約十四萬，差別在於放射線光源的粗細。自費的螺旋刀僅為0.2mm，目的是在射殺壞細胞的同時，盡量避免射到不該射到的好細胞，但也只能「盡量」。

因為放射線主要作用的地方在臉上跟脖子，大概會有的副作用包括該處的皮膚紅腫、乾裂，嘴裡都是細菌；容易蛀牙、一旦蛀牙，牙齒就會壞死；味覺喪失、嘴破、舌頭破、喉嚨痛，吞嚥困難，口乾，胃痛，落髮（唯一覺得沒差的地方），嗜吐……醫生在陳述這些副作用時語氣很平淡，後來我才知道，「聽到」這些副作用和「親身感受」的落差有多大。

整個放療計畫預計為35次，9週內執行完成，副作用約在10至15次左右後，會陸續開始發生。整個療程的尾端是副作用的最高峰，脖子、臉像燙傷，嘴破、口舌乾、沒有辦法分泌口水、口腔充滿細菌、味覺喪失，期間還必需顧及牙齒的保養，因為一旦蛀牙，牙齒就會壞死……療程結束之後，味覺恢復需要二至三個月才可能會漸漸好轉。

化療的療程一共需要補足300mg/cm2，一次打100mg效果最好，一共只要打三次，但副作用也最大；也可以分七次施打，一次50mg，副作用最少，但效果當然也是最小。不管一次注入多少藥劑，化療一次就是至少要三小時，另外再折衷的選擇則是次數、劑量折衷，然後搭配口服藥，當然、效果也是「折衷」。

化療伴隨的副作用包括吐、拉、嘴破、吃不下……副作用的時間預估會在做完治療的隔一、兩天，維持約三週，中間最為劇烈，然後漸漸舒緩，接著進行下一次化療，經過同樣的循環，然

後再進行一次⋯⋯告知我化療副作用之後，醫生看著我，準備預訂隔兩天的治療時間，所以我必須當下做出決定。

　　以我的個性，這個決定一點都不難。為了有最好的治療效果，我當然選擇三次，一次打100mg；選擇的藥是「順鉑」，功效強但副作用大，通常提供給較為年輕力壯的患者（視情況會提供年長患者安鉑，效能相對緩和）。

　　35次放療、3次化療，都要經過醫生詳細的沙盤推演，原則上以我的狀況來說，開始治療的體重是75公斤，醫生建議要馬上增重5公斤，以因應之後遭遇副作用時，可能產生厭食、無法吞嚥而體重驟降的情況，醫生還恐嚇我，如果日後體重下降超過3公斤，進食就要考慮插鼻胃管。

　　說真的，我完全不想嘗試插鼻胃管進食這件事，首要任務就是要把自己當好萊塢明星，在一、兩週內吃胖到極致，能夠有足夠的體重對抗後續的副作用。那幾天除了早餐，餐餐牛排大餐吃到飽，以一天四餐起跳，24小時呈現飽足感其實蠻噁心的，嗯，好不容易才多出來3公斤，沒辦法，就從78kg開始決勝負吧！

　　另一方面，我內心很擔憂到底什麼時候會開始失去味覺，畢竟這是從事餐飲業的我最恐懼的事，這些年透過品飲好不容易把味覺養成了，如果不見了，該如何是好？

　　懷著憂慮，但我不喪志。我總覺得當第一個比較不緊張，不管是以前公司做PA（Project Adventure）團隊課程訓練，玩老鷹之柱、高空蔓藤路，學生時期上台發表感言，考咖啡師執照⋯⋯每次當老師問到「誰先」的時候，我通常都是第一個上。

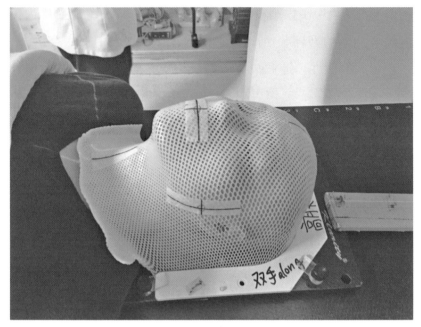

MRI的特殊面具

　　我的想法是，只要想清楚、準備好了就開始，撐一下，恐懼就會過去！面對未知的抗癌路也是如此，確認好所有細節之後，二話不說，療程馬上開始。先進行的是放射治療，過程其實並不複雜，我固定週一到週五去醫院，一天一次15分鐘，戴著訂製的特殊面具躺進去機器裡就好，其他則是例行性門診，包括每週一次放腫門診，穿插化療的血腫門診、耳鼻喉、復健等門診。

　　最開始進行放療的前5至10次，也就是大約將近兩週的時間，我還是非常積極的進食，因為還沒有產生副作用。

第二週之後，我發現第一個異狀，就是我的口味越吃越重，然後吃東西前要先想一想，有些食物光是聽到我就不想吃，有時候則是會忽然想吃一個並不是很好取得的食物。

　　「天啊，我以前再怎麼挑食也不會這樣，況且這不是孕婦才會有的徵兆嗎？」我滿腹疑問，正巧在醫院走廊裡遇到主治醫生，打完招呼後他停了下來，直接告訴我，醫療群會診後發現，我的喉嚨那邊好像有點「怪怪的」，建議再次安排內視鏡確認。

| CH2 |
黑帝斯的石榴籽

「怪怪的……這是什麼意思？」聽到主治醫生的說法，當下我的腦袋又是一片空白，這真是一個好大的彩蛋啊！

　　還好，幾天之後的週二放腫門診，主治醫生先看了我的報告，告訴我沒問題……一顆忐忑的心才稍稍放下，到了週五的耳鼻喉門診，主治醫生解釋說有可能是喉嚨發炎，為了保險起見，再次切片還是最明確的。

　　「排除最壞的情況就好，沒事沒事……」我這麼安慰自己。

　　經過了接近10次的放療，放腫門診的主治醫師問我吃東西感覺如何，當時我其實還嚐得到味道，只不過口味越吃越重，嘴巴也還沒開始破，醫生說副作用差不多就是這樣，我還開心地想著，口味重些，還嚐得到味道，這樣的副作用我能接受啊！

　　結果，就在門診結束的隔天，什麼！不見了，完全不見了！

　　我的舌苔不見了，舌頭變成光滑面，放醬油、糖、醋、熱湯在舌頭上，什麼味道都沒有……我難受到不知道該怎麼形容，我可以承受痛覺，但味覺不見了，真的好難接受。

　　舌頭乾乾的，喉嚨好像卡了石頭，尤其這幾年經過味覺訓練，對味道變得比較敏感，相對的，舌頭對於什麼感覺都沒有也很敏感，雖然對於失去味覺這件事我有心理準備，但真正遇到了還是很難過。連著幾天起床後，我吃著早餐，配著淚水，在什麼也嚐不到的情況下，「吃」這件事變得好辛苦。

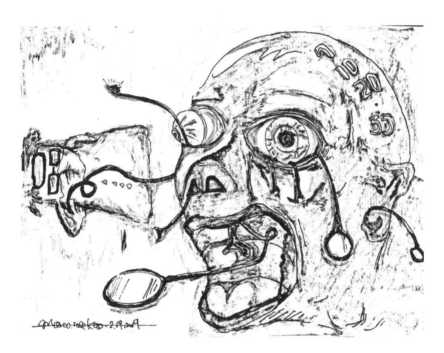

【抗癌時期畫作3 內視】

只嚐到傷心的味道

　　失去味覺之後，我常常處於一個很餓，卻不想吃任何東西的狀態，因為我還記得這些食物的味道，但一吃進嘴裡，味道都不見了，腦子開始抵抗這些不是原來味道的東西，我的腸胃開始覺得噁心不適，幾乎無法進食。

　　於是我開始實驗，吃筍乾（鹹）、喝咖啡（苦）、紅豆湯（甜），嗯，完全感覺不到鹹苦甜，最後我直接倒一點醋來試，臉還是變成了小籠包，原來舌頭上沒味覺了，但口腔兩側似乎還

可以感受到一點「酸」的味道。後來的幾天，所有食物我只剩酸辣湯勉強可以喝得下去，我也一直在思考還有哪些食物可以吃。

最後想通了，反正味覺已經沒了，風味再好的東西在嘴裡嚼吞之後，只嚐得到傷心的味道，其他什麼都沒有！乾脆吃一些像是白煮蛋、饅頭、廣東粥之類，本來就沒什麼味道的東西，反差比較不會那麼大，傷心或許可以少一點。

嗯，一碗含有碎肉、蝦仁、花枝、皮蛋、油條的廣東粥下肚，飽飽的，但嘴巴裡卻沒有一點食物殘留的味道，花枝吃起來就像是橡皮筋，那乾脆吃白粥就好……白粥養分不足，醫生囑咐一天所需蛋白質要400至500克，最重要的蛋白質來源是肉，但我一口也不想吃。

好不容易吃完一碗粥，但吃完以後我不禁又傷心了起來，只能安慰自己，至少療程已進行1/3了，想想家人，想想開心的事，希望療程趕快結束。

我的女兒樂樂，當時小學二年級。一天晚餐，我吃著白飯，想像著菜餚的味道，嘴裡卻是吃著草、橡皮筋和土的口感時，跟我聊著生病過程的感想……

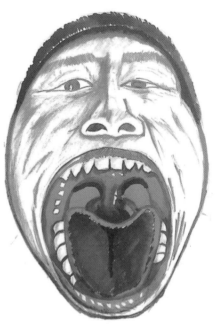

【抗癌時期畫作4 變調的口腔】

樂：「如果可以的話，把你的生病給我。」

我：「爲什麼？沒有味覺很慘ㄟ，你想試？」

樂：「沒有啊，但是把生病給我，你就不會難過了。」

我：「那你不會難過嗎？」

樂：「我沒關係啊……」

此時，我臉上的淚水已經滑進了嘴裡，可是我卻依然連苦澀的味道也嚐不到，我藉故躲到廁所，淚流滿面，心理好難受；感受著樂樂天使般的安慰，心裡好不捨。

我必須要堅強面對，讓我的家人放心！

「偶爾想起──悼味覺」

早已知道，你的離去

早已習慣，離開以後

偶爾觸碰，傷心到底

偶爾想起，仍然淚滴

漸漸習慣，你的不在

直覺人生，只有黑白

笑容不在，因為存在

面容依舊，充滿期待

早知道你早晚會回來，說著想念只是多餘

試著提醒著不在的，更加傷感

早知道你早晚會回來，沒有時間更顯傷悲

當你從來不曾存在過，更加陌生

忘了吧，等你回來時，

或許會感受到新生的滋味，再一次邂逅

被利刃滑過的喉嚨

我的療程是先做8次放療，再搭配1次化療，第一次化療之後，伴隨著的副作用也慢慢開始出現了。

醫生說一次化療大約3小時可以搞定，但我第一次的化療弄了快6小時，前後各花了一小時打食鹽水，因為藥劑太毒怕腎臟負擔不了（如果看到護士穿的戰甲，就知道這個藥有多毒了）。

晚上七點，副作用開始了，頭暈、腳軟，我覺得眼前的這一切都是假的。很快的，我發現嘴裡怪怪的，愈來愈痛，開燈後照鏡子，看看自己的喉嚨，差點沒被嚇死，水泡、破洞、綠綠白白的一片，我從來沒看過這種喉嚨，即便是以前重感冒到快死掉，長時間的喉嚨發炎，跟現在這個狀況比較起來，還真不算什麼。

然後，吞嚥困難的惡夢開始了……而且似乎有持續惡化的趨勢，味覺喪失讓我感到傷心，吞嚥困難讓我十分痛苦。

在這個時期，晚上的睡眠狀況也發生很大的問題，睡著之後不能用嘴巴呼吸，因為口乾，喉嚨會痛，像是被利刃滑過那般的劇痛，又很容易鼻塞，所以很難睡得好。我從一覺到天亮，變成

3個小時就會起來一次，然後又變成1.5個小時就起來一次，睡眠品質超差。

又因爲食慾不好，早上多數是餓醒的，好幾個清晨，肚子空空，喉嚨劇痛，吞嚥像刀割，我坐在床邊，想像著還要經歷多久這樣的過程，感覺無助也無奈。

時間仍然繼續在走，療程也依舊不快不慢的進行著，我好幾次問自己，是否已到了最差的時刻？還有什麼是沒有經歷到的？

我知道這是必經過程，我知道無法閃躲，我知道過了之後會慢慢平靜，我知道必需直球對決，但我不知道程度與時間的差別，唯一能做的就是承受、等待、期盼，像個孩子一樣，期盼過了兩、三週之後的自己，會不會有機會嚐到重生的愉悅？

經過17次放療，2次化療，這個人生的中場暫停，比我預期的還久，而且一旦開始，不可喊停、不可後悔，這是遊戲規則，甚至無法訂定結束時間，而我必須保有運動家精神，奮戰到底。

能夠制伏痛苦的，應該只有時間了。

我一面等待著療程結束，一面經歷著痛苦不堪的過程，只能不斷數算結束的那一天何時到來。過程中，最讓人痛苦的，莫過於不知道最痛苦的時候到了沒？也不知道這樣的痛苦還要持續多久？承受痛苦的本身可以被適應和克服，如果再加上時間因素，硬撐出來的堅強很容易被瓦解。

走到療程的最後一週，化療已結束，放療也只剩5次了。最後幾週，脖子跟臉開始脫皮，脫了幾次後，慢慢的皮膚也開始痛了，醫生幫我換了第三種止痛藥——嗎啡，領藥時藥師還要開保

險箱才能拿到。我心想，嗎啡眞的有那麼厲害嗎？醫生提醒過嗎啡的副作用不少，但只要讓我不痛就好，因爲痛起來眞要人命。

嗎啡止痛藥每4小時吃一次，不可中斷，但副作用的確不少，例如「疲累」這個副作用好明顯……然後我連著兩、三天坐在馬桶上卻無法排便，於是又要搭配軟便劑……吃著一包又一包的藥，也習慣了吃東西沒有味覺，感覺像是另一種昇華。

我心想，人的延展性跟承受性眞是無限大，從每天擔心吞嚥，到疼痛感的舒緩，現在吃什麼、怎麼吃，對我來說都已經不是個選項，只要有營養、好吞就好。

【抗癌時期畫作5 喉嚨】

「隧道」

不知道為什麼，我站在隧道的入口處
不能回頭，不能左右
隧道的尺寸，跟每一段的距離
分成很多，很多種
多種到看不太清楚，但我必須要走

雖然我知道我想要的那個尺寸，距離、跟方向
可是我卻不能決定，往哪走、走多遠
也不知道後面是什麼

我只能告訴自己，為了重要的人
帶著勇氣，走過這個隧道
也相信、走過了，一切都會好的
隧道前的那一段，也不再重要了。

終於，從1數到了35

2019年2月26日。

　　今天出門，看著天空，天特別藍，空氣特別好，我的心情特別愉悅。今天是這一段時間以來，比較值得開心的時間點，因為就在今天，結束了35次的放射治療，3次化療也完成了，然後我

還活著。

從1到35，用數的很快，看別人更快，但親身經歷這八週的放射療程（週休二日不做治療，加上有一天因機器故障沒做到，過農曆年也休息了幾天），折磨指數絕非一般苦痛可以比擬，而且只要多延一天，心裡的惶恐就多一天。

其實一開始，我認真思考過，想要跟醫生討論一天射2回，讓苦痛一次來，快點結束。還好沒衝動，不然依照後續脫皮疼痛的狀況，可能皮膚已經被射到「整組壞光光」。

含著眼淚完成了第35次放射治療，這代表抗癌療程已告一段落，後續則是要靠自己加油跟靠老天爺眷顧，我可以恢復到正常人的生活兩、三週，之後可停藥兩、三個月，也預計味覺可能會慢慢的回來跟我和好。

終於，射好射滿，35回完全終了！希望射得夠乾淨，乾淨到我永遠不要再見到你，聽到你的一絲絲的消息。

回顧這段難熬的日子，除了放療和化療造成的味覺喪失、吞嚥困難，心理時不時的感傷，也因為罹癌部位的關係，相關神經無一倖免，包括眼睛周邊都是傷口、睡醒後一堆眼屎讓眼睛打不開、視力下降，然後是聽力受損、鼻腔黏膜受損、口乾、嘴唇破，舌頭破、時不時會長一些鏈球菌，痛到喉嚨快裂開，脖子脫皮不斷，還有化療完的胃痛，吃嗎啡止痛劑產生的便秘、疲倦……真覺得是走了一趟地獄。

而過程中最崩潰的事，就是不知道最糟的狀況到了沒，然後

不知道可以如何應對，只能任它折磨，無論白天黑夜，然後試圖運用你周邊有限的藥物控制組合，期盼能得到一些些舒緩。

「痛」，每天都在身上，從不間斷。

在希臘神話中，血紅色的石榴籽是冥界食物，冥王黑帝斯曾經用它來哄騙冥后普西芬尼，讓她不得不一年留在地獄四個月。而放化療時期，我的冥界食物就是大蒜、薑、洋蔥——這些料理必備的材料，只要碰到一點點點辣，傷口的反應是平時痛苦的百倍以上，讓人生不如死，猶如墮入地獄。

幾次在外面吃飯，還沒吃完，就痛到淚水止不住了，最後也變成只能盡量自己處理食物。活著的人要承受這樣地獄般的折磨，真的很辛苦，每次痛不欲生之時，只能告訴自己，或許是天將降大任，所以苦其心志，勞其筋骨（這樣想稍微正面一些）。

哭鬧的來，安靜的離開

治療結束之後，根據醫生的解釋，大部分的傷口會在兩到三週慢慢復原，不過味覺要回復則是因每個人的狀況不同，有可能需要兩到三個月，有的甚至到半年，而且有10%的患者在味覺恢復上有難度，而這才是讓我覺得緊張的。

癌症是慢性病沒錯，但治療完成之後的變數、復發的機率，免不了會讓自己籠罩著心理壓力，因為不管治癒率是1%、10%、70%，90%，還是要面對99%、90%、30%，10%的死亡率，這些數字時時刻刻提醒我，人停留在這個世界上的時間是

有限的，必須想想如何過得更有價值，以及生命中最重要的是什麼，然後對自己的身體有所交代。

化療和放療結束了，但復原要多久我也不知道，但起碼可以讓痛苦慢慢離開，身心靈可以暫時舒緩。

醫生囑咐，第一年要每月回診追蹤，每一次都要做耳鼻喉內視鏡觀察（超痛）和抽血檢驗，每3個月掃一次核磁共振，如果一切順利，第二年開始延展複檢時間，一直到第五年，如果癌症都沒復發，才能真正算是「治癒」。這段時間我能做什麼？是負面的關注復發機率，不斷自己嚇自己？這實在不適合我的個性，還是珍惜所有、把握當下，為自己的身體負責。然後跟著心裡的聲音，完成對自己的人生有價值的事。

罹癌之前的兩、三年，我在事業上因為鄉愿，換來一身腥，傷心、傷財、傷身、傷了最親的人，覺得自己可悲可憐也可恨。40歲老天送來的這份「大禮」，像是一道如來神掌，往你的頭上一巴，把不好的東西都巴出來，剪斷了我原先內心最掙扎且最複雜的層面，思緒轉彎了，也不得不清楚了。

浮現在心中的想法再明確也不過，我不敢說是真「不惑」了，但心是真的定了，複雜的事也都簡單了，從今以後就是關注、陪伴愛我的跟我所愛的人，把愛轉換成具體的行為，做自己能力可及的事、慢慢的感受活著、感受生活，然後跟著內心的聲音，尋找內在引領我前往的方向，創造生命的價值。

走過這一遭，面對死亡，我的感受最直接，也經常思考關於死亡這件事，越去思考，越知道怎麼樣的結束方式是最適合自己

的。而早晚會面臨到的那一天，在自己可以決定的前提下，不插管、不強制餵食維持生命，是生命最後階段應該有的尊嚴。

吃得下就享用自己喜歡的，真的不行，連拿水喝的能力也沒了，就順應自然，讓生命結束吧。人生最後一段路，絕對不要為了留一口氣，讓愛你的人變得更辛苦。

哭鬧的來，安靜的離開，是我最終的期待。

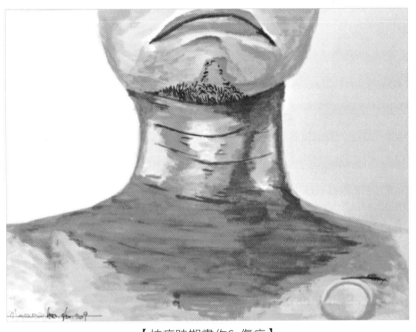

【抗癌時期畫作6 傷痕】

| CH3 |
談點現實又重要的事

我生長在一個衣食無缺的家庭裡，爸媽在很久以前幫我買了一份永久醫療保單，年輕時我沒在意，接近40歲才發現，這份以儲蓄為主的醫療險，欠缺了太多的保障。於是我陸續洽談幾家保險公司，希望補足其他的醫療保障，但其實也並不積極。

　　就是這麼的剛好，新保單才成立後沒幾天，我去掛了耳鼻喉科，接著做切片、確診罹癌，緊接著住院、進行一連串細節檢查……等到開始進行療程，想要申請保險給付，保險業務員竟然告訴我，**保險公司對於重大疾病（包括癌症）至少有30天到6個月不等的免責期。**

　　也就是說，當保單成立之後的6個月內，要保人被診斷出重大疾病、癌症……等。都可能屬於無效保單。以我的狀況來說，就不需要想太多，想要拿到保險給付，就是不可能的事了。雖然我自己在這次罹癌過程中無法受惠，但在此還是要強調「早點保險，早點有保障」的觀念，因為據說腫瘤在身體裡要形成，可能需要培養10年到20年。如果可以未雨綢繆，早點佈局相關醫療險，抗癌時的經濟負擔真的會小很多。

　　回到我自己的情況，因癌症在家休養的這一段時間裡，除了原本爸媽在很久以前買的陽春醫療險，針對住院有給付些許保險金之外，其他療程都得靠自己張羅，而那段時期我把店都收了，也沒有其他的主動收入來源，可以順利撐過來，靠的都是我這些年陸續累積出來的被動收入，才能維持家庭固定開銷。

及早開始創建被動收入

因爲罹癌，我重新思考了人生排序，也重新架構了我的事業體，手邊只留下創業以來的第一間酒吧和後來開始的咖啡店。除了維持兩間店舖的運作之外，我繼續室內設計的業務和其他投資項目，把剩下的時間回歸家庭、運動和畫作。

也因爲罹癌，我更確定被動收入的重要性。目前我把事業體分爲兩大部分，一是「主動收入」，包括以一人公司爲主要經營型態的室內設計工作以及正在籌備的授課演講、顧問輔導業務。這些事情都是我自己一個人就可以處理的，不用再交辦、跟催，我也學著把事情跟感情分開，不再因人情關係讓自己過度付出。

所謂「一人公司」，並不是指一個人做完所有的事，正確來說這比較像是一種精神，以自己能夠完全掌握的事情爲原則，也能夠完全承擔所有的風險，沒有其他額外的「人」的因素；不用一昧追求公司的擴張、營收的成長，進而可以一步步完成自己的理想，也不用背負著體制、公司、員工等各項成本與壓力。「斜槓野男人」部落格也是在這個概念下架構出來的，我希望藉由野男人跌撞半生領悟出來的投資法則，給有心創造被動收入、邁向財務自由的朋友們一些中肯的建議，讓大家少走一些冤枉路，提早實現人生價值。

我的主動／被動收入來源		
類型	主動收入	被動收入（長期）
項目	室內設計 授課，演講 顧問輔導 電子商務	股票殖利率、價差 外幣投資 不動產租金、買賣 酒吧經營定期分潤 威士忌收藏銷售
總收入占比 現階段	20～30%	70～80%
5年後	10%	90%

　　除了需要投入長時間與專業的工作，才會得到的「主動收入來源」以外，更重要的是，創建你的被動收入來源！被動收入的特性在於，前期需要投入時間或是資金，但往後會慢慢產生，產生時間複利的長線滾雪球效應。

　　當我還是一個上班族時，主動收入大約占總收入80%以上，手邊有閒錢時就和許多「股市小白」一樣在股市裡頻繁進出，後來以200萬元投入不動產，靠著短期操作獲利數百萬，以為這就是所謂的「投資」。

　　直到2018年平安夜，我被宣判為鼻咽癌三期之後，在無法再創造主動收入的情況下，這些年陸續累績出來的被動收入來源（主要是股票）支應了我的生活所需，也讓我重新思考收入來源和金錢配置的順序，開始想辦法放大我自己的被動收入來源。近三年以來，我的被動收入約占年度總收入的70%至80%，預估5

年之後，被動收入應該可占90%以上。

在創建被動收入的過程中，「時間」是最無情，也最公平的條件。也就是說，能夠越早開始，當然就有機會越早享受到被動收入所帶來的收益。

有句話是這麼說的：「有兩個最好的投資時間點，一個是昨天，一個是現在。」對於理財，我算是開竅得慢，30歲前的日子都在開店、展店、想辦法增加店裡收入的忙碌中渡過，30歲以後才發現除了本業之外，還要想辦法「用錢賺錢」才是對的。所以我花了很多的時間閱讀、研究、找資料，想辦法增加自己的資產，創建被動收入來源。

那麼，到底該如何創建被動收入？最重要的觀念就是「及早開始」。越是早開始，可承受的風險越高；年輕時創業，追求夢想、具體實踐，即使失敗了，大不了從頭再開始，反正本來口袋裡就什麼都沒有，沒什麼好失去的，也不會影響到別人。反之，隨著年齡增長，人生中會背負更多的責任，大部分人有可能會有另一半，會有車子、房子、孩子要養，甚至還要孝親，三明治世代的投資自然要更加謹慎，投資腳步也容易因此減緩。

智商是先天的，財商是後天的，兩者有著相同的重要性。尤其正確的投資觀念和處理自己的人生，有密不可分的關係。尤其罹癌之後，我不免自問人生要留下什麼給三個孩子？我希望留給孩子的不是錢，而是讓他們早一點擁有財商（FQ, Financial Quotient），也就是讓他們早一點有創造和有效管理財富的能力。

擁有了財商，他們至少不用為錢煩惱，可以活出自己的價值；這倒不是要小孩贏在起跑點，而是希望讓他們未來的人生可以多一些選擇權。如同清朝先賢林則徐的對聯：「子孫若如我，留錢做什麼，賢而多財，則損其志；子孫不如我，留錢做什麼，愚而多財，益增其過。」我的想法也是如此。

　　不過，**創造被動收入之前，最實際的行動就是必須先累積第一桶金。**大部分人的第一桶金應該都是從累積薪資所得開始，我也不例外。我在1999年退伍，那年正是從20世紀跨越到21世紀的千禧年，在這千年一遇的時代轉折上，我們這一代見證了映像管電視進化成液晶螢幕，從任天堂紅白機玩到Switch，經歷過DOS到Windows的電腦作業系統，手上拿的通訊工具也從BBcall、黑金剛，一直到諾基亞，然後再看著蘋果iPhone崛起⋯⋯不長不短的幾個十年時間，世界的改變真大。

　　那也是個黃金年代，有目標、肯衝，總會找到自己的一席之地；即使上一代還保有「唯有讀書高」的舊觀念，但我們這一代已奉行「有夢最美」的新信念，深信只要肯努力，處處是機會。

屬於個人的時間計算商業模式

　　大家都知道，開公司，作事業，成立品牌，開店等等，只要是跟營利相關，就免不了商業模式，而商業模式則是影響著店，或是品牌成功與否的關鍵，不過，你知道個人，也就是你自己，也存在著商業模式的運作嗎?越早釐清楚，對自己越了解，越有

把握，越能嘗試與時間作朋友，隨著時間的流逝，完成有效率的工作。

·出售一次自己的時間換取金錢

　　只要是要打卡上下班，都算是這個模式的範圍，是屬於最基礎的個人商業模式，也是最容易達成的階段，幾乎每個人都需要經歷過，除非你生來就不愁吃穿，有花不完的銀子，那如果一直無法離開這個階段，是不是就跟收入變好沒有關係了呢？

　　倒也不至於，決定權還是在你自己的身上，你可以決定一個小時要賺200元，2000元，還是更多，到5000，10000，甚至20000元，當然大家都想越多越好，而這時候到底能賺多少就取決於你的個人價值了，你會做的事是大家都會，還是很少人會，甚至是只有你會，越有不可取代性行情必然會越高，所以如果你還在求學階段或是剛出社會，或許可以自我檢視一下你學習的專業，具備以上條件的哪一項，如果可以越早決定好對你越好。

　　再舉個例子來說明：

　　醫生這個行業，應該算是比較少人會的專科了，也就表示能夠當醫生的，收入都有一定的水準，那如果再細項去區分的話，你認為牙科跟眼科哪一個會比較好（收入），雖然說用這樣比較有些不太客觀，不過我是認為作植牙的醫生可能比眼科好（收入），因為植一顆牙的費用從幾萬到10幾萬都有，每個人的嘴裡有幾十顆牙有被植牙的可能，相較眼科來說每個人只有2顆眼睛可能需要被治療。

·重複出售自己一次性的時間換取金錢

據說神片《刺激1995》裡頭的配角，到現在還在領這部電影不錯的電影版稅，而主角的收入就更不用算了，這就是重複出售自己一次性時間最好的說明了，在花一次時間拍完電影之後，電影會不斷地在各個平台，被觀眾不斷的重複觀看，而重複的產生版稅收入，當然，必須要是有名的電影，有名的演員，不過大部分有名的演員也都是從默默無名開始起來的，這個說明是給一個方向，具體當然要靠自身不斷的努力，還有老天爺的眷顧。不管是拍電影、寫書、創作音樂、藝術創作等等，或是這些年流行的線上串流、線上課程、podcast等等……都可以用這個論述來說明，也就是努力一段時間之後，你努力產出的結果可以透過重複販售讓你得到收入。

這也是為麼我們看到在這些領域發展不錯的人，都有可能會有著不錯的收入來源，只不過，要達到這個階段的確不太容易，除了自身的努力之外，有時候機運更顯得重要，不過不要灰心，如果你已經走在這條路上，要保有自身的調整性，去堅持你想做的，而調整的意思就是，要評估自身的條件，至少需要解決最基礎的基本需求（養活自己），才能肆無忌憚地往你想要的方向走。

·購買他人的時間來換取金錢

具體的來說就是比如我開了店，請了員工來上班，最後店裡有賺錢，就是購買他人的時間來賺取金錢，明眼人一定看的出

來，這當然是最好的方式啊，也就是自己當老闆，不用花自己的時間，又可以賺錢，是再好不過的事情了。

不過，開一間店，或是開一間公司要到達這個階段還真不容易，因為大多數新開的店或是公司，很多還沒到這個階段就已經倒閉了，當中的問題可能性很多，也有一部分的人作了老闆，但是公司（店）還是需要他才能運作。

概略的計算，開一個店會有30%的機率是賺錢，30%的機率是賠錢，30%的機率是不賺不賠，也就是說你有30%的成功機會，有30%的機率是在裡面工作，但沒甚麼賺錢。

所以如果你想開店，試著給自己2次機會，看看能不能成為購買他人時間來換取金錢的真老闆！

但務必切記：

不要押上全身的家當

不要借錢來開店

挖哩勒，無尾熊是什麼鬼？

我退伍後的第一份工作是科技公司業務，待了沒多久就知道，這完全不是我想做的事，當然沒做多久也就毫無懸念的離開了。印象比較深的是，一位出社會好幾年的朋友在千禧年的跨年夜跟我說：「不管你做什麼工作，一定要做滿一年再說。」

嗯，就是要堅持吧，我這麼告訴自己。

幾經思考，我決定試試房仲的工作，第一間面試的中信房

屋，在我填了幾份資料、做了幾份測驗之後，店長斬釘截鐵的說：「你的特質是無尾熊，不適合做業務，還是放棄吧。」

挖勒……無尾熊是什麼鬼啦？原來這是企業常用的DISC人格測驗，D（Dominance）支配型的代表動物為老虎，I（Influence）影響型的代表動物為孔雀，S（Steadiness）穩定型的代表動物為無尾熊，C（Conscientious）謹慎型的代表動物為貓頭鷹。

我屬於的無尾熊性格，代表的人格特質為情緒穩定度高，是團隊中的擁護者；喜歡與人接觸，並關心他人的感受，工作上希望對方能提出保障，但做事風格較保守被動，面對壓力時容易猶豫不決或唯命是從，過度自我保護。

不過後來經過多年的室內設計業務主管訓練之後，我的特質一路從無尾熊變成老虎再轉換為貓頭鷹，到後來的綜合特質變色龍，意即是針對不同的對象與事務隨時可以調整自己的應對方式。

按照DISC人格測驗來看，當時的我的確不適合做業務，但老實說，**我認同知己知彼、百戰百勝，但應該是知道自己的個性後，善用其優點，補強其缺點**，所以我並沒有放棄房仲業務的工作。

後來又面試到了當時在市場上頗有聲量，可以將房屋案件拍成CF廣告的台北夢想家。在那個網路資訊不發達的時代，在電視播放CF廣告在市場上是蠻新潮的宣傳方式，而我應徵的高專業務，工作時間長，沒什麼休假，也沒有底薪，但我就是抱著學習

的心態，只要能做的，什麼都做。

除了電視CF以外，電線杆上貼「小蜜蜂」（路邊廣告傳單）也是賣房子的主要銷售方式；當時還是女友的潔西常陪著我大街小巷張貼廣告，也幫我扮過假買方，製造銷售現場的緊張感。

雖然小蜜蜂的成交率算高，但這種方式並不合法，要是一不小心被環保人員「釣到」，就會收到一份大禮（罰單），所以通常傳單上所附的電話俗稱「靶機」，那是一種類似預付卡的電話號碼，查不到所有權人是誰；接聽電話的房仲業務也要很機警，必須要快速判斷打電話來的是真買方，還是環保局的釣魚電話。

開始貼小蜜蜂之前，學長特別交代，出門貼小蜜蜂不要帶皮包，被環保局抓到就說是打工的，罰得比較輕（當然，罰單也是成本自付）。不過，「裝可憐」這招也不是每次都管用，一次在安和路跟和平東路口，我正準備貼上辛苦開發到的案件傳單時，忽然聽到背後傳來：「你在幹什麼？哪一間啊！」回頭一看，果然是環保局。我按照學長教的說法央求，環保局人員不信，也沒有放過我的意思，更慘的是恰巧一台警車從旁經過，被環保局人員攔下來，我就被帶回警局了……最後還要打電話回店裡求救。

慢慢的，我從一個連按陌生大樓的電鈴都不太敢按，跟管理員聊天也不知道要說什麼的菜鳥一枚，進化為瞄一眼大樓外觀就能準確判斷屋齡，講幾句話就能跟管理員變成buddy-buddy的熟手，這些都是花了很多時間「撞」出來的能力。

身為菜鳥一枚，光是要開發新案件都很難了，何況是成交！

印象中我的第一個專任約是「台北小城」別墅案，當時公司教我們「當價格議下來，買方就會出現了」，也就是接到委託案之後，不是要積極找買方，而是要想盡辦法跟屋主議價。

當時我在學長指導下，編了個故事，按時跟屋主回報，說買方很喜歡，只是嫌東嫌西，最終目的就是要屋主開價便宜一點。就這樣過了一陣子，果然成功讓屋主簽下了契變書——同意降價約200萬元銷售。後來才知道，這是廢話！在那個沒有實價行情登錄的年代，只要把價格議下來，就等於是創造了一個低於行情的供給，低於行情的東西誰不想買？而實際行情誰會知道？只有仲介。至於買方是誰？可能是仲介方自己，也可能是投資客，最後才輪到真的要自住的買方。

除了面對屋主議價要有手段以外，我也見證了投資客如何操弄市場。那時正值扁政府推出「土地增值稅減半」政策，在那個沒有奢侈稅、銀行可超貸，而且房仲業並未強制執行銀行履約保證的年代，投資客盛行，有不肖業者專門買漏水屋，便宜入手，簡單裝修、包裝之後馬上賣掉。

在銀行可超貸的情況下，等於是連裝修費用一併貸給你，算起來這筆交易等於零成本，只不過「漏水」這件事屋主知、投資客、房仲知，就是消費者不知。

於是乎，那時大安區中古屋25萬元一坪，半年內成交3次，就翻了一番變成45萬元，進場的投資客幾乎每個口袋都賺得飽飽的。當時投資不動產的熱度，誇張到連貼「小蜜蜂」的大哥都跟我說：「小高，我們籌個一百萬也來玩一下，這很好賺誒！」我

很心動但不敢，口袋裡也沒錢，只能拚命賣房子，希望有一天能存到一百萬，登上「投資客」之列。

親身見證，雄爺的西門町傳奇

當時的店長曾經告訴過我，投資客的開發與經營對仲介很重要，畢竟除了投資客之外，一般人誰會不斷的買賣房子呢？所以房仲和投資客的關係就是魚幫水、水幫魚，只要想辦法幫一個投資客成交一件案子，這個投資客的下一個案件一定就有你的份。

在那個六張梨站旁華廈，1坪只要25萬的年代裡，台北市最活躍的不動產投資客就是「三黃一劉」，裡面的「三黃」都是我們的客戶，每一位投資客在台北市區隨便都有一、兩百間以上的房子，而台北市不動產價格的爆衝，也就是從那個時候開始的。

其中「一黃」是我們店長的長期合作對象，我們都叫他雄爺。無論是跟買方談價錢、跟銀行喬貸款，雄爺都是我看過最有魄力的男人。他最威的事蹟是他以人頭方式，大手筆跟銀行談下了西門町一整片房子的債權跟產權。銀行之所以願意讓渡的主要原因在於，雄爺答應負責解決該標的上百位占有戶的問題。

我聽到店長說起這件事時，心裡一度狐疑：「那個社區龍蛇雜處，一般消費者根本不敢來買啊，沒有外來客來買，雄爺要怎麼賺錢？」但事情並不像我這個憨人想得這麼簡單，雄爺第一波鎖定的買家並非一般消費者，竟然是原本的占有戶。

他出動了身邊所有的仲介資源，目標就是說服原本的占有戶

花錢跟他買房子，而雄爺（賣方）提供銀行貸款、抵押等多種資產整合方式，只能說這在當時算是非常新穎的財務槓桿遊戲。而我們的工作就是每天到大樓裡逐戶按電鈴，說服原住戶。這個工作最刺激的是，每一次按電鈴都跟開獎一樣，既興奮又緊張。興奮的是，每一個住戶都是潛在客群，我們不用到處找買家；緊張的是，不知道來開門的對象會是誰，我們會不會有生命危險？不誇張，我當時真是這樣想的。

有一次門打開，我差點嚇到暈倒。屋子裡面的三、四個人全都沒穿上衣，身上刺青都是半甲跟全甲，屋內飄著陣陣的燒香味……就像電影《艋舺》演的一樣。我才說明來意，講沒兩句，就被請到屋子裡喝茶了。

門關起來的那一剎那，我的心臟彷彿跟著停了下來。還好，對方也知道我只是個小傳令兵，最後我當然是全身而退，只不過是全身發抖著出來的。

這個社區的占有戶除了道上兄弟、流浪漢、「做黃的」以外，其實也有很多是正常的上班族，有些住戶甚至還和前一手簽過所謂的「權力移轉證明書」，也就是當初他們已經付了一筆錢買房屋使用權，現在當然不願意再付出另一筆錢給雄爺，因此這個大型專案紛爭不斷，一直到我離職了都還沒解決。甚至離職後我還聽說，雄爺因為這個案子被黑道找上門，強行擄人談判，差一點連小命都不保。

親身見證了投資客的大起大落，讓我心生警惕，另一方面越是了解這些內幕，越覺得這個工作很不老實。比如說為了壓低售

價，房仲要哄騙屋主有很多人來看房，但是買家都嫌這個房子的缺點一堆；又例如當房仲掌握到準買方時，也常常會以先下假斡旋的方式操作，驅使屋主降價求售。

因爲沒有底薪，大家爲了生活，你爭我奪的事情也屢見不鮮。最誇張的是，明明是我開發到的案件，居然可以神不知鬼不覺的，被坐隔壁的資深學姊洗走，變成她的客戶……「被賣掉了，還在幫別人數鈔票」的職場惡鬥頻頻，漸漸的讓我覺得，原來房仲業務是一個壓榨勞工、充滿謊言的工作。

年輕時的我愛玩歸愛玩，但性格是正直的，我很擔心這個哄騙人的工作一直做下去會同流合汙，忘了是非對錯。

在從事房仲業務10個月之後，終究還是承受不了良心的譴責而離職。但這段工作經驗也不是全然無所獲，至少我也從一個原本個性較爲內向、跟陌生人講話會緊張的人，蛻變成一個可以用聊天的方式，聊出我想知道的相關資訊的業務，成功克服了我原本性格上的內向害羞、不善社交，應該也算是一大收穫吧。

| CH4 |

養成專業到投資專業
——成為房產投資客

房仲業務的工作開啟了我對不動產的想像空間，加上我從小喜歡畫畫，離職後我思考了一些時間，決定朝室內設計這個領域發展。但由於我不是設計相關科系，連個設計助理都應徵不到……正覺得失落之際，發現有一所專門教授室內設計的「復興學苑」補習班，上了半年多的課，也陸續往室內設計的相關工作投履歷。然後，就接到電話了！

　　我應徵上了歐德系統傢俱的業務設計師。嗯，好奇怪的抬頭？有段時間我一直在思考，什麼是業務？什麼是業務設計師？藝術和商業哪一個重要？心中的疑惑還未找到答案，上線接客人的第一個月，我就規劃了十幾套圖，每天沒日沒夜的在畫圖，結果案子卻沒有一個成交的。我的熱情換來的是，每個客人都回覆：「小高，你人很好，但我們需要再考慮一下……」我深刻體認到，熱忱會讓客戶願意給你機會，但沒有專業，就什麼都不是。

　　記得當時的老闆馬哥常常跟我們說：「**努力只會流汗，正確的努力才會有甜美的成果。**」意思是在工作上要朝著正確的方向，用正確的做法做事，否則只會淪為做白工的「**無效努力**」。以設計師來說，正確的努力方向就是理解客戶真正的需求和預算、並因其需求和預算進行圖面規劃。慢慢的，我的簽約率也從零開始成長到90%，從基礎設計師到到歐德體系裡年資最輕的店主管，這一待就是將近十個年頭，公司成就了我很多，幫助我成長很多，也讓我終於找到了對於工作的熱情。

　　在進去歐德之前，本來我以為自己可能沒有辦法在一間公司

待很久，後來才知道我喜歡有挑戰性的事務，沒有辦法接受一成不變、朝九晚五的工作。

剛好，在歐德裡遇到的每一個案件狀況，客人的需求、特質都不盡相同，需要花時間去傾聽客人的需求，思考如何規劃出最適合客戶使用的空間，等於每接一單就是一個新挑戰，在完成一個又一個的挑戰之後，又再一次的歸零，每一次接待新客人，就彷彿又有了重新開始的熱情和動力。

從看房子整體的價值，到學會看房子細部格局，這十年累積也完整養成我的第一門專業。尤其是隨著公司的發展而調店，歷練過台北市的大安區、松山區和內湖區，以及新北市的中和、汐止區和新店等不同商圈，深刻體認到每一個商圈的客群屬性都不一樣，也有專屬該區域的特殊需求。

例如大安區就是屬於市場成熟，但客群較為頂端的區域，客戶的眼界和見識較高，光是靠服務熱忱、卻沒有足夠專業是無法締結這個商圈的客群的。

相較於許多同事喜歡在同一家店，經營熟悉的客群，對我來說反而每一次輪調都讓我十分興奮，因為我知道每當接觸到一個新商圈，就是一個新挑戰，不斷的面對挑戰、歸零、再循環，可以刺激我在專業能力上快速的成長、提升。

先處理心情，再處理事情

除了專業養成之外，更重要的是這份工作也讓我累積到第

一桶金。從陌生客到熟客，從熟客變舊客，舊客再轉介紹新的客源，我的客戶源源不絕，業績越好，薪資也越好，進入公司2年後我就存到人生第一個一百萬。進入公司3年後晉升爲管理職，年薪最高200萬元，服務的對象從客戶變成了公司設計師，主要工作是提供公司設計師更專業的分析與訓練，也開始把我的舊客戶群逐步分享給他們。

我認爲，不管是什麼工作，只要有人跟人之間的接觸、交流，就是在做「業務」，而做生意，所謂業務談判，就是找到雙方可接受的條件，完成交易。所以業務工作不只是和客戶有業務關係，和公司同事、長官、部屬，甚至於是朋友之間，其實也都存在著這樣的業務關係。這麼多年的業務工作做下來，**我認爲業務工作最重要的是學會處理「人」的問題，而處理人的問題，則是要學會「先處理心情，再處理事情」。**

只要是人，都會有情緒，在情緒上頭的時候，很難接受任何的妥協，這是人之常情。但在工作上，難免會面對一些因私事而情緒不好的客戶，而爲了讓工作順利完成，你需要請他接受你的想法；在工作上也可能面對公司裡講話不耐煩的接單窗口，但你需要請他加快客戶的訂單流程；甚至還會面對只怪罪你沒有達成績效，卻不聽你解釋的主管，而你需要他幫忙協調公司後勤的狀況……總之，業務工作必須承擔各方壓力，除了告訴自己「撐過去」，更要知道只要目標沒錯，不見得一定要直直的往前走。

有時候，繞個路、換個方式，雖然可能多花費一點時間或精神，卻可以更容易地達到想完成的目標，這何嘗不是件好事？如

果可以先把「人」這個複雜的動物的心情處理好了，我們需要他幫我們達到目標的方式也簡單多了。畢竟，大部分的人變得不好溝通，都有他們背後的原因或是慣性，試圖去感受、理解這些心情，事情應該就會變得比較好處理。

業務的工作壓力大，處理自己的情緒，是另一個更重要的事。「面對它、接受它、處理它、放下它。」這是聖嚴法師的至理名言，也是一直「種」在我心裡的處事準則。足夠成熟的心理素質，可以讓你堅強的面對所有大小事而不逃避，不管是好是壞、事大事小，都能有正面的態度去消化，有條不紊的去解決問題，過程中不管是說出來、忘掉、寫出來或畫出來，都要讓內心的重量變得輕盈，心裡放鬆。就是放下了。

對我來說，在歐德工作還有一個最大的好處，就是出國的機會很多，無論是員工旅遊或是出國見習，工作累了就跟著公司同事出國充電，是熱愛旅行的我，排遣工作壓力最好的方式。

第一筆不動產投資，才開始就結束

靠著本業薪資累積到200萬元時，我以短期投資的心態進入預售屋和成屋市場，但與其說是投資不動產，不如說是投資我自己的專業。因為除了進行室內設計師該做的工作之外，我也會趁著跟客戶談設計圖的時候，進行一些不動產的資訊交流。畢竟，跟客戶聊天一定是要聊他最有興趣的話題，這樣可以讓客戶願意多說，我們扮演傾聽的角色，也可以藉此深入了解客戶的需求，

規劃出最適合他的設計圖。

　　當然，會來歐德挑選系統傢俱的客戶，大多也是剛買新房子的屋主，此時請益他的購屋心得，對客戶來說當然很願意分享，而我也在客戶分享的經驗談中，對於商圈的環境、發展和行情愈來愈熟悉，慢慢的學會從「捷運、賣場、學校、公園、醫院」等立地條件去判斷區域是否有發展性，因為上述條件圍繞在「人口數」這個關鍵，人口數增加，房地產價格就會有支撐，若再加上交通這個要件，就是所謂的黃金地段了。

　　這些客戶的經驗談等於是提供了區域價格的最新行情，讓我日後在挑選投資標的時對於入手價格變得十分敏感。每次和客人聊天時我總是依照客戶的買進時間，在心裡設定一個入手價格，通常都和成交行情很吻合，偶有聽到客戶用低於行情的價格入手，就會特別旁邊側擊，想知道他是怎麼做到的。

　　相較於身邊有朋友直接借錢投資，我生性保守，也不敢做太大的財務槓桿，一直處於觀望的狀態。有一陣子，我還常常假裝投資客，到預售屋案場暗中觀察看好的投資標的，過了一陣子再回頭看，發現那些標的都很符合我預期中的報酬率。

　　只不過，沒有真正進場投資，那些報酬率都是假的。期間我甚至看著不動產市場因為2003年SARS疫情打到谷底，結果沒有回檔多久，2005年起資金又從成屋市場轉移到預售屋市場，開啟了另一個擋不住的多頭漲勢。

　　當時因應政策，雙北地區開啟了好幾個大型都市更新計畫，由於重劃區需要建設時間，建商開始在地段不錯的重劃區推出預

售案，打出頭期款只要總價10％，蓋房子的那兩、三年陸續補足10％，剩下的八成交由銀行貸款處理，這樣的付款方式比起中古屋一次要付出三成頭期款來說，的確寬鬆不少。

再者，當時預售屋還可以在交屋前做轉單交易，而且不用負擔成屋交易時所需要的土增稅等交易稅。等於是，我買了1,000萬元的新房子，只要在交屋前陸續付出200萬元，就有了處理房子的權利2至3年，若在此期間以1,100萬元賣出，已經付出的200萬元買方則需要付擔，再加上淨利潤100萬元，剩餘的價金則依照本來跟建設公司簽訂的合約，做合約轉讓。這等於是在實際付出去的金額還不到200萬元的情況下，賺到100萬元的利潤，算起來超過50％的投報率，你說誘不誘人？

不過過去當房仲的時候，熟的是成屋買賣，對於預售屋缺乏實戰經驗，導致我一直裹足不前，加上設計師的薪水也不錯，就這樣一路拖到了2009年，在我認真評估多次之後，篤定新莊副都心的區域交通、建設、學校、賣場、公家機關等各方面環境條件都很好，才鎖定以頭前重劃區的預售案為目標，準備進行我的第一筆不動產投資。

那是知名建商興富發建設的「公園首席」，也是在頭前重劃區推出的前幾個建案，我趕在開案的第一天就跑到現場，希望搶個好價錢，結果一到現場不誇張，整個案場就跟菜市場一樣，人潮多到很誇張，我什麼都沒買到，敗興而歸，只好等第二天再去一次。沒想到，結果居然漲價了……不過是隔了一天，現場開價一坪就多了2萬元，難怪第一天大家搶成這樣！

正當我垂頭喪氣地準備離開，竟然發現現場一名代銷人員居然是以前設計公司的同事，幾經協調之後，好不容易在他的協助之下，我們買到了一間。我心裡打著如意算盤，「依照這樣的買氣，價格往上走肯定不是問題，等漲到想要的報酬再賣掉就好。」果然，該區域陸續新開的建案開價屢創新高，房價也沒有回頭的跡象。

只是千算萬算不如天算，房子還沒蓋好，政府就出手打房了！為了抑制過熱的房市，2010年底政府拋出「奢侈稅」議題，這對當時的房市衝擊力很大，市場也開始瀰漫著一股空頭氛圍。

只不過短短一季，到了2011年3月份大台北地區的成交量已下滑逾3成，雙北市區的房價下滑5%至10%不等，我認為後市不太妙，當下決定「出場保平安」。委託房屋仲介協助處理，來回議價斡旋後，案件成交了，神奇的是房仲也沒收我的服務費，好在平安獲利出場。只是我原本想靠著投資預售屋增加收入，結果才開始了，卻也結束了！

自從2011年7月1日奢侈稅開始實施之後，我就沒關注預售屋市場了，約莫到2013年預售屋市場穩定之後才又陸續進場，而那也是台灣房市中期回檔之後，再度瘋狂上漲的起頭。

轉向中古屋，圓夢成為投資客

預售屋受到奢侈稅波及的那兩年，我把資金轉到中古屋，成為年輕時我想成為的那種投資客——委由相熟的房屋仲介找到地

段好、低於行情的物件，以自己的室內設計專業重新裝修，對外出租2年，避開奢侈稅後再委由同一位仲介出售。

這種投資方式在於你是否和仲介建立良好的合作關係，記得有一次我正在雪隧裡開車，仲介來電「強烈建議」某物件可以下斡旋金，因為他覺得太划算了；我只憑著仲介在電話中的描述，綜合評估了一下地點、屋齡、產品特性、坪數、總價，以及後續資金處理的方式後，就在未看過房子的情況下，授權仲介買進。

此時，我已經實現剛進社會時那個「成為投資客」的夢想，而且口袋裡不只有一百萬！雖然當時房價成本已高，比起雄爺一出手就是幾百間房子的大手筆，我們就只是個小咖。

其實現在看來，當時的不動產投資還算健康，最簡單的投資方式就是以合理價格入手，先出租、放2年後再賣掉，只要順著房市的走向，獲利空間從數十萬到上百萬元都有。但要特別強調的是，上述無論是預售屋或中古屋投資都是短線獲利，而非我要強調的「被動收入來源」。

一般來說，**短期房地產投資實現獲利的時限大約都是在5年以內，如果不是瞎貓碰到死耗子的好運氣，真要靠著短期房地產投資變現，需要有強大的專業能力做為後盾。**例如我所養成的室內設計專業，就可以讓我在裝修上省下至少三成成本。這也是為什麼我一開始就說，我的投資歷程與其說是投資不動產，不如說是投資我自己的室內設計專業。除了室內設計師以外，我也看過很多本身就是成屋房仲、預售屋代銷或土地開發等房地產相關行業的從業人員，從事房地產短期投資而獲利的。

至於非房地產相關行業，要在房地產上靠短期投資來獲利，風險其實很大。

首先，投資不動產是在被動投資選項裡，需要準備的資金最高的，也是相對較為複雜的，不管投資的是預售屋或是成屋，初期放進去的資金少說也要二至三百萬，貸款之後如果談到二至三年的延展期（先繳利息），每個月也是要幾萬元的房貸支出，所以要進入房地產短期投資，資金的配置一定要謹慎。

我開始運作不動產投資時，當時手邊有一間自有住宅，這間自住宅還有約莫四百萬元貸款，但隨著市場多頭，這間自有宅從一坪二五萬漲到最高將近五十萬元。房市景氣好再加上不動產增值，可以很輕易的跟銀行增貸。所以我當時的做法是，把貸出來的錢用在投資其他不動產標的上，等投資標的增值後賣掉變現，局部清償貸款，等待適合標的再進場，如此重複運作，自有宅的貸款也愈來愈少。

不過因為當時利率低，我會保有不動產跟銀行的貸款關係，例如和銀行談三年合約，讓我有資金需求時可直接提領，用多少金額、還多少利息，隨時可以償還本金，等合約到期可和銀行談延展或是局部清償本金，不過這些要和特定銀行維持合作關係，比較容易談到適合的條件。

所以要投資房地產，第一個前提就是，手邊先要有一個沒有貸款的房子，是不是看到這裡就覺得距離不動產投資更遠了？這是我認為最安全的資金運用方式，如果你手上的資本還沒有到達這個階段，建議你可以在本業再加強，增加收入，或是先從投資

股票開始。畢竟，投資最終的目的，不是讓自己陷入高槓桿的風險當中，而是讓自己增加被動收入，提升生活品質，所以努力擁有一間自有住宅，應該也是優先目標。

房地產八字箴言，回歸長期收益

在投資上有一個很有趣的心理法則，就是逆向思考，也就是「當別人貪婪時要謹慎，當別人恐懼時要進場」。這看起來是很簡單的道理，不過卻很考驗人性，也很考驗執行力，比如近期預售屋市場還是瀰漫著處處皆漲的利多消息，而法拍市場的拍定價也趨近於市場價，這些跡象其實就是在提醒你，若要進場投資必須要更謹慎，甚至於維持觀望態度會好一些。

尤其是自從「房地合一2.0」在2021年7月上路之後，5年內短線交易的成本提高了非常多。而且大部分能夠合法避免房地合一稅的方式也都被政府調整得差不多了，例如以往預售屋的轉單買賣方式，就是政府積極要修法遏止的重點項目。換言之，**法令的修正勢必會擋掉大多數的短期投機，再加上利率調漲，那麼不動產終將會回歸到以置產、長期收益方向的投資方式。**

我始終認為房子是拿來住的，不是拿來炒作的，房價會漲有很多因素，從大環境的建設、交通，到供需、通膨、交易成本、政策面都有關係，從政策面轉向、台灣人口老化、通膨導致升息等各種因素考量之下，我認為房地產短期投資幾乎已無獲利空間，若手邊真有資金想投資，一定要以置產、長線為策略。投資

要以自住的挑剔挑選案件，奉行房地產投資八字箴言——**長期持**
有（出租），適時調配（出售），方能在不動產市場穩健獲利。

房地合一2.0稅額：以課稅所得400萬元爲例		
	修法前	修法後
適用稅率	1年內：45% 超過1年未逾2年：35% 超過2年未逾10年：20%	2年內：45% 超過2年未逾5年：35% 超過5年未逾10年：20%
持有1.5年	400萬X35%= ＄140萬元	400萬X45%= ＄180萬元
持有3年	400萬X20%= ＄80萬元	400萬X35%= ＄140萬元

以自住需求挑選可從兩大層面來考量，一是「**習慣區域**」，
比方說跟家人住近一些、以後小孩的學區、上班交通是否方便
等，每個人的評估條件不一樣。你可以試想，假設住了10年之
後會是有怎麼樣需求的買方會買這間房子？該區域會不會有賣壓
（很多人要賣房）？到時候會有讓房價增值的建設？簡單思考一
下，就會讓你的自住房增加些投資價值。二是「**當地行情**」，尤
其是新手投資客，更建議先從自己住的區域找尋適合的投資標
的，因爲該區域利多爲何？行情如何？當然一定是當地人最知
道。平常逛街時有空就到附近的房仲店面看看，對於最新的區域
行情掌握度更高。

每個區域的增值條件和行情起漲時機都不同，在地人的掌握度通常也會比外地客更高。例如以雙北市來說，每一站捷運出口附近幾乎都是不動產優先增值的地段，反觀同樣有捷運開通的高雄和台中，捷運站卻沒有對不動產產生太多增值效益，反而是Outlet購物商場、科技園區進駐，更能刺激當地房價。如果以「天龍國」的角度來投資高雄和台中捷運站出入口附近的物件，非但沒有增值空間，反而有套牢風險。

　　以中南部來說，台中北屯區和高雄楠梓區雖然已經起漲，但依據找尋重劃區金雞母的五大增值條件：**交通利多、人口成長數、建設預算、價格、屋況**，在未來的3至5年，或許還是可以好好關注。至於北部呢？我自己的觀察是，雙北房價真的是到天花板了！就連捷運站也不再是房價增值萬靈丹，不過有一區，是野男人長線看好的區域，那就是桃園市政府所在地的**桃園區**。

　　為什麼長線看好桃園區房市呢？首先是「**交通利多**」，桃園捷運綠線預計2026全線通車，從桃園火車站往北到橫山，銜接捷運機場線到台北火車站；南往八德方向，銜接三鶯線可到新北板橋站，實現通勤時間一小時內的北北桃生活圈，另外還有連結中壢、內壢等大城鎮的東西向紅線。再從「**人口成長數**」來看，從2016年到2020年桃園地區的人口成長率都是五都之冠，人口紅利不可小看。接著從「**建設預算**」上考量，自從2014年桃園升格為直轄市之後，建設預算從當年的900多億，年年提升到2022年拍板定案的1,400多億，預算提升，當然代表了城市開發指日可待。最後是從「**價格**」和「**屋況**」來看，桃園地區中古屋平均價

格落在20萬元／坪上下，藝文特區的新成屋漂亮有質感，是值得長線投資的區域。

再次提醒無論是預售屋或是中古屋，房地產的短期機會不再，投資不動產終將回歸到長期收益，而這也是我們要強調的「被動收入來源」。掌握「825法則」，謹記「長期持有、適時調配」8字箴言，掌握「習慣區域、當地行情」2個考量層面，抓住「交通利多、人口成長數、建設預算、價格、屋況」5大增值條件，就能維持穩健而長期的房地產被動收入。

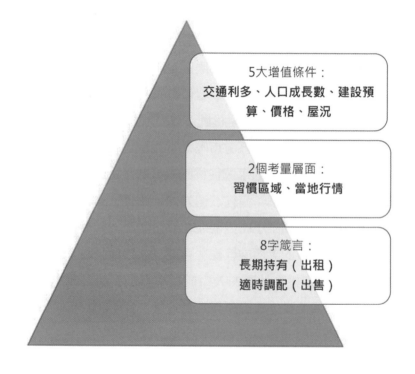

5大增值條件：
交通利多、人口成長數、建設預算、價格、屋況

2個考量層面：
習慣區域、當地行情

8字箴言：
長期持有（出租）
適時調配（出售）

| CH5 |
高風險帶動高獲利
——進入法拍屋市場

雖然陸續都有在不動產的市場裡運作，但真正開始研究風險較高的法拍屋，其實是2019年我完成癌症治療之後的事。當時一方面是把餐飲事業告一段落，剛好比較有時間，另一方面是預售屋跟成屋市場的價格都已經不太親民了，只剩下法拍屋還有利潤空間，再加上這也是我自己一個人就可以處理的業務，很符合罹癌後設定的「一人公司」概念，才開始想試試看。

　　我的研究方法一開始是自修，前期花了不少時間親自去聽每一個法拍物件的說明會，讀遍相關的專業書籍，也試著自己進入司法院網站找尋案件，只是研究了很久還是不得其門而入。後來輾轉看到了104法拍網，專營法拍的透明房訊正好舉辦一場公開班試聽，上完之後我豁然開朗，立馬報了法拍初階班、實務班、高階班，一路到投資班。

　　有了基礎知識，接下來還要有工具。

　　因為法拍案件需要做很多事前的分析跟評估，除了最基本的市場行情之外，案件本身的各方條件都要從法院筆錄裡去判斷，但是案件這麼多，條件又都不同，實在很難評估起。

　　好在現在已有專營法拍屋市場的公司推出相關App，方便投標人快速查找案件，透過App看到法拍物件的位置、照片、筆錄、謄本、拍次、金額等投標人需要的資訊，這樣分析起來就會快速得多，當然，這是需要費用的，不過工欲善其事，必先利其器，這種小錢千萬不能省。

資金來源，進入法拍前的重要準備

　　最後要準備的就是資金，因為法拍案投標時，必須從銀行開立本票（視同現金）當成保證金，才能進行投標。保證金金額一般會是總價的2成左右，如果幸運得標，其餘款項必須要在7天內繳給法院，若未如期清償，不僅會被法院視為棄標，保證金也會沒收，而案件就會被法院收回再拿出來二拍，如果二拍得標金額低於一拍的得標金額，差價的部分就會從保證金扣除，才會還給投標人剩餘的價金，而且過程非常費時，所以進入法拍市場前的資金準備一定要小心謹慎。

　　另一個部分就是代墊尾款，所謂代墊尾款就是當你得標之後，銀行可以借錢給你，幫你付清除了保證金之外的剩餘款項。銀行代墊款會收取約6％的利息費用。尾款繳清後，法院會在10日內核發產權移轉證書，此時拍定人就可以過戶產權，取得權狀，此時銀行才會再將代墊款項轉為一般房貸。目前業界有在運作代墊款項的銀行，應該只有聯邦銀行在承做這項業務，不過因為手續相對繁瑣，最好提前10天向銀行申請代墊尾款，所以這並不是我喜好的資金選項，那這麼多錢要從哪裡來？

　　如果你本來就有足夠的現金可以運作，那當然沒問題，如果想運作槓桿，也想有一定的安全性，那麼答案就是運用現有的不動產。也就是把現有的房子拿去銀行做房貸設定，並且是用多少繳多少利息，得標之後，再把得標物件拿去貸款，清償掉本來的房貸，若是租金可以負擔利息還有盈餘，就算是還不錯的投資。

其中要特別注意的關鍵有二：

一、銀行的還款條件

　　房貸利率的核定，銀行除了依據不動產鑑價之外，個人的薪資證明、信用條件也是另一個貸款條件的關鍵，所以要進入法拍市場之前，要確保你有穩定的收入證明。一般都是看最近半年到一年的存摺，有固定且不錯的收入入帳，將有益於核貸額度。

　　如果是自營商，建議可以有技巧的調整存摺入帳數字，也就是所謂的養帳戶。最簡單的方式，就是在每個月固定時間把現金存進銀行，同時寫上備註，像是「八月份薪資」，這樣方便銀行認定你的收入穩定性（銀行評估還款能力的重要依據），如果帳戶有百萬元以上，放半年或一段時間，銀行就會提高放貸意願。

　　在金融信用沒有問題的情況下，銀行核貸的公式：

收入—支出（1.6萬/人）—房貸（本利）/0.004＝房價

以月收入6萬元來說，房貸約可佔薪資1/4，可貸725萬元

（6－1.6－1.5）／0.004＝725

　　聰明的你，應該可以用這個公式，思考出若要提升房貸的金額，要增加哪一個數字吧。這也是為什麼收入愈高的人，可運用的金錢愈多，這也是資本市場的現實與殘酷。

二、不動產持有的數量

　　依據現行法規，個人持有不動產超過2間以上，銀行貸款的成數就會跟正常案件有所落差，或是不核貸，這是進入法拍屋市

場要解決的另一個問題。現在法拍屋偏向的運作方式，就是找尋投資團隊一起參與，因為會去上課的學員除了取得法拍知識之外，大部分都是對這項業務有一定的興趣，如果能找到志同道合的共同投資人，一起尋找、分析和處理案件，大家都能輕鬆不少。

更重要的是，資金部分也會比較好處理，也可以用私人契約的方式輪流持有不動產，不用一次拿出這麼大筆的資金，在現階段案件不好得標的情況下，也是比較有效率的方法之一。但也要特別注意，志同道合不代表適合一起運作案件，要能組成投資團隊，除了資金要對等之外，投入度的對等也很重要，這些都需要不斷的嘗試和磨合之後，才能漸漸步上正軌。

另一個組建不動產投資團隊的額外好處是，當自己或親朋好友有房地產相關問題時，也可以有人諮詢，有時可以因此避免掉很多不必要的問題發生，也算是好事一件。

金銀法怎拍？拍賣標的三大類型

雖然一般都稱為「法拍屋」，但實際上拍賣屋有三種，包括最常聽見的「法拍屋」，另外還有「金拍屋」、「銀拍屋」，三種拍賣標的的規定、折扣及保障都略有差異。

最適合新手的「銀拍屋」，由於該物件已是銀行業者的房產，所以沒有點交問題，產權清楚也已由銀行認證，等於是排除了物件遭占用、原屋主積欠水電、管理費等問題。更重要的是，

銀拍屋還提供帶看服務，可以事先到現場察看屋況，得標後也保證點交。但是價格相對於法拍、金拍來說，拍賣折扣不多，頂多便宜1至2成。

既然銀拍屋較有保障，還可以和銀行協調還款方式，爲什麼金拍屋和法拍屋市場還是比較活絡呢？因爲通常銀拍屋都是法院經由法拍處理不掉的標的物，才會被銀行買回，自行承受後再賣出。你想想看，一個曾多次流標、處理不掉的物件，多半屋況、各方條件也不會好到哪裡去，再加上價錢又和市價相差不多，自然較少投標人會出手競標。

至於投標人最在意的價格和屋況，法拍屋跟金拍屋可能會打到市價的6到8折，雖然折扣較多，但只能「探聽」屋況。法拍物件分爲「點交」跟「不點交」，可點交的案件比較單純，等於是法院保障了拍定人的使用權，當點交時，若屋主未搬離、導致法院無法點交，便會進入強制點交程序。不過也因此，可點交案件的投資報酬率會比較低，差不多落在10至20％，如果再加上代標業者的服務費，基本上利潤就更少了。因此大多參與點交案件的都是自住客，只要比市場行情低個5％，對於自住客來說，參與點交標的競拍還是划算。

一般來說，可點交法拍屋最大的風險就是，由於法拍標的物沒有「瑕疵擔保責任」，也就是房屋的屋況，法院是不負責的，除非是屬於人爲的破壞可以提民事訴訟之外，如果標到的房子是輻射屋、海砂屋，甚至所謂的凶宅，都不能因爲這些理由撤銷拍賣，所以投標前的調查務必要謹慎。此外，若是有第三人占有或

租用，也可能會由法院公告拍定後不點交。

　　若是不點交的物件，法院只保障拍定人的所有權，並不保障使用權，所以當你標到房子、繳清尾款後，法院只會發出不動產移轉證明，但不會協助點交，後續事宜都需自行打點。目前法院以不點交物件居多，許多不點交的案件情況很複雜，因為法拍案件在拍定的同時，法院也就沒有責任了，碰到有人占用物件，可能還必須額外拿出一筆溝通搬遷費，也可能因此進入訴訟。

常見拍賣屋	法拍屋	金拍屋	銀拍屋
類型定義	債權人（多為銀行）向法院申請拍賣債務人的不動產，以拍賣後價金償還債務。	法院將拍賣投標委由公正第三人（台灣金融資產服務股份有限公司）處理的不動產稱為金拍屋。	為銀行從法院拍賣或承受取得的不動產，再交由具拍賣資格的民間公司辦理。
能否看屋	無法入內看屋，僅能從房屋外觀做評估。	少數鑰匙由銀行保管的空屋可入內看屋。	可看屋況，有意競標者可現場喊價和加價。
委託辦理	拍賣在法院投標室進行，拍定後由法院辦理。	投標委由台灣金服處理，拍定後由法院辦理。	投標委由民間公司處理，拍定後由銀行辦理。

　　總之不點交物件的取得過程真的很像偵探辦案，要找出關鍵人，要抽絲剝繭，要談判，要膽大心細，才能一步一步的完成。但也因為不點交案件進行時間較久，其中的利潤也比較高。

　　至於金拍屋則是法院委託台灣金服公司辦理的拍賣案件，通

常都是因爲地方法院要處理的法拍物件太多，所以將部分法拍屋外包給金服公司處理，但性質與效力和法拍屋相近，只是法拍屋的投標地點是在地方法院，而金拍屋的投標地點則在金服公司，其他執行的流程、規定及折扣基本上都與法拍屋相同。

法拍初體驗，竟然遇到大麻煩

早期法拍屋可能還有海蟑螂、黑道圍標等狀況，但現在的投標程序公開透明，早就沒有這些難以處理的外在因素了，但也因爲參與法拍投標的人數愈來愈多，相對得標難度也提高了很多。

從開始學習法拍屋課程開始，我就試著篩選案件，並嘗試著自己投標，因爲我知道只有親身實作，課堂上學習到的知識才有機會被運用到，不然真的也只是上完課就還給老師了。我陸續跑了台北、新北、桃園、基隆、台中的地方法院以及台灣金服，從事前如何計算投資報酬率開始，到去法院拿標單，一步步進入投資法拍屋的世界。陸續在雙北市做過多次的嘗試，一直都無法得標，於是案件的篩選範圍越放越廣，結果居然看到台中去了。可能是冥冥之中注定，居然順利讓我標到了一個位於一樓的點交案件，更巧的是，得標的那一天剛好也是我的生日。

我在投標前去看過現場，確定是空屋沒錯。心想，點交物件通常沒有什麼太大的問題，應該很快就可以拿到房子，沒想到過程和我想像的有很大的出入。

這間位於台中市北屯區的一樓標的物，是早期很常見的連

棟建築，和隔壁棟緊緊相連。門口的空間足夠停2台車，但當時卻橫停了一台沒有大牌的銀色轎車，整輛車滿是灰塵，輪胎也沒氣，後方擋風玻璃放了紅色牌子寫著：「XXX遺物」，而隔壁棟門口則停了一輛貨車。

轎車後方還有一道橫拉鐵門，完全擋住了兩棟建築物的大門口，這代表原屋主根本就不希望任何人進去這間屋子啊！得標之後，我先查了一下水電，發現標的物是處於停水，但並沒有斷電的狀態，也就是說，還是有人在此出入！我終於知道，為什麼是我得標了，有非常大的可能性是其他投標人在分析後，知道這是一個可點交但複雜度很高的大麻煩，於是紛紛打了退堂鼓。

當下心一驚，但我還是沉住氣，想辦法把問題一一排除。也因為我當初沒有找代標，所有的法院流程和代書流程都要自己來，經過一段時間的調查探訪，整理出房子背後驚人的故事：

原屋主是當地著名大舞廳的二代，一直跟老媽媽住在這間房子裡，隔壁相連的那棟一樓也是他們的，幾十年前房子蓋好的時候，原屋主將隔壁的一樓產權過戶給另一位股東。

然而就在前幾年，原屋主的哥哥用了一些非法的方式，將家中多筆不動產過戶到自己的名下，然後拿著房產四處抵押借錢，大部分都是民間借款，債務一個接著一個爆了出來，據說積欠的債務有上億元之多，於是不動產也由當地法院一間接著一間查封拍賣，而我得標的這一間因為被查封，迫使原屋主必須搬家。原屋主心有不甘，才把房子偽裝成空屋，用車子阻擋別人進入，門口那台報廢車就是過世媽媽的遺物，隔壁的貨車也是他停的。

我向法院聲請強制點交之後，會同事務官、警察、鎖匠進入屋內，當下看到的畫面，連我看過那麼多屋況奇特的房子也大吃一驚，裡面堆滿了髒亂不堪的雜物不打緊，更誇張的是地下室跟隔壁完全連通，一樓屋內也有一道門和隔壁棟相通。

占有人惡搞，點交時間超過半年

請鎖匠換了大鎖之後，事務官就算是把房子點交給我了，可是屋內滿滿的雜物還有門口的障礙物，該如何是好？我一時之間沒想到處理方式就打道回府了，隔天過來現場一看，發現要做爲遺留物拍賣的家具已經少了一個，廁所裡的馬桶也被水泥堵住了……我對於自己沒有先把破口處封起來很懊悔，幸運的是，經過來回多次的陳述書，總算順利清除門口障礙物，也找到了可靠的當地工班，封阻了室內連通口，完成地下室砌磚隔間。

整個案件從得標，到最後處理好、整修完成，前後花了半年多，以一個已點交的案件來說時間有點長，但好在得標金額加上裝修費用和各項稅務，這個物件的取得成本約在650萬元，而該區域的實價行情約可以賣750到800萬元。但因爲法拍案件取得實在太不容易了，加上我看好台中北屯區之後的發展潛力，所以這個案件目前是中長期持有，出租給網購業者2.2萬元／月。

有了這次法拍初體驗，自己親身跑了一趟流程後，才知道完成這些行政工作不難但很花時間，之後我大多是找專業代標業者來處理，但必須有個前提，就是自己要足夠了解案件的資訊。

對於案件資訊要有足夠的了解，才不會在和代標業者或是占有人的談判過程中喪失主導權。假設委託人希望標到案件，自己又沒有什麼行情概念的時候，可能會遇到代標業者鼓吹委託人加價得標，也就是所謂的「衝上標」，這種結果表面上大家都開心，但在得標金額已經接近市場行情的情況下，等於後續毫無利潤空間可言。

和占有人的談判過程更是曠日費時，就算是點交物件可向法院聲請強制執行，最少也要花費3到6個月，若是不點交物件還有可能需要上法院，一來一往之間可能耗費數年，如果能有效運用案件資訊和談判技巧，再加上多付一點可負擔的成本，只要能有效節省到交易的時間成本，就等於是增加後續的獲利空間。

法拍市場走一遭，雖然沒賠到錢，但我深深覺得法拍市場的水很深，操作難度也很高，再加上本金需求也比較多，有意進場投資的朋友，千萬小心謹慎。

★法拍屋得標後的行政流程：

書記官開尾款通知單→銀行開立尾款本票→法院收發繳尾款→權利移轉書→權狀→聲請點交

點交之後→戶政申請門牌整編／地方稅務局查欠稅／地政申請權狀

台中法拍屋點交影片

野男人不動產投資紀錄

	2009	2013	2014	2019	2019	2019
地點	新北	台北	台北	桃園	高雄	台中
類型	預售屋	中古屋	中古屋	公寓改套房	預售屋	法拍屋
案名	公園首席	敦南如意	興隆路二段	桃園夜市	美樹香榭	北屯1F
總金額／萬元	1,360	985	1,717	485	608	650
投入成本	200	285	372	400	61	650
持有／年	1.5	2	2	至今	興建中	至今
成交價／萬元	1,460	1,200	1,800	出租中	預計出租	出租中
報酬率	50%	75%	22%	10%/年	5%/年（估）	4%/年

| CH6 |
當觀光客比做投資人幸福
——海外投資經驗談

在設計公司上班的時期，因為工期排程常常是跨到休假日，一個月要消化的案件量也很多，所以常常是假日要談圖、白天要跑工地、晚上要畫圖，不要說是超時工作了，休假休不完都是常有的事。升任管理職之後，則是有開不完的會、處理不完的客訴，沒有太多的時間陪伴家人，甚至是沒有什麼時間消費。

不過公司很照顧員工，每年安排不只一次的國內外旅行，當上主管之後出國的機會更多，跟著公司去了很多的地方，像是荷蘭、比利時、法國、奧地利、捷克、中國、日本……我的生活型態也慢慢變成在台灣的時間大部分都在工作，而休閒、消費的時間都是在國外。

因為年輕時的產值高，消費能力也比較好，當時的消費大多圍繞在外在，追求所謂的「品味」這種東西，包括有品牌的包包、西裝、筆、鞋子、車子……自認為畢竟是在有品牌的公司上班，把外在的質量變好也是應該的。

但後來想想，那樣的旅遊過程中記得的事好像沒有很多，也分不太清楚「旅遊」跟「旅行」的差別，只知道出國坐飛機，行程、住宿、吃飯都有人打理好，只要負責人去了，晚上跟同事、主管喝酒，然後消費買東西，腦子放空這樣。

這樣的旅遊方式也沒什麼不好，只是時間久了，難免覺得心裡空盪盪的，因為難得有機會可以到別的國家，只是用走馬看花的方式未免也太可惜。

當然，每個人對出去玩的期待跟想法不盡相同，找到自己喜歡的方式就好，沒什麼標準答案。只是後來我決定，出國旅行就

是帶著潔西慢慢走，細細感受每個地方不同的風情樣貌，體會當地的生活型態，而旅程裡常有的突發狀況，也都是屬於旅行當中的一部分。

在沒有谷哥地圖的年代，我們倆個常常是拿著一本地圖，或是從網路上列印下來的資料，就開始在各個國家到處趴趴走。到了一個地方覺得很棒，就多待個幾天，路途上遇到美麗的景色、有趣的事物，就停下來參與和體驗。

例如去到蘇梅島騎車找景點，看錯地圖、忘了算海拔高度的落差，騎了一整天還沒找到原本計畫要去的景點；也曾經在印尼坐計程車，遇到當地司機攔車吵架搶客人，害我們在車上緊張的不得了；也有在泰國巴彭紅燈區被拐去看乒乓秀，就是類似早期的高雄18招，等到我們發現不對勁想離開，被擋住，而且門還被鎖了起來，費盡千辛萬苦最後才脫困……現在想來，這些突發狀況都是有趣而難忘的回憶。

有幾年我們到泰國玩上癮，玩到把錢花光光不知該如何是好，回程坐捷運到機場，才發現要搭的飛機已經飛走了，只好向朋友求助，勉強再待個幾天。我們也在走遍日本的過程中，從捷運坐到JR，再到新幹線，再到自駕開車。

由於日本是右駕，開車時我們常常雨刷和方向燈傻傻搞不清楚，遇到大雪淹頂，感覺就像在開水上遊艇；從富士山開車到輕井澤時看錯地圖，一路開了快十個小時；在北海道遇到大地震，決定騎著腳踏車繼續我們的旅程。到了北九州，上了船就到韓國，還順便走了幾天。

我們也曾從美國舊金山灣區，一路開車到洛杉磯，體驗公路旅行Route trip的瘋狂……而我自己，則是獨自走過緬甸，吳哥窟、中國的北上深廣、安徽、新疆等地。走過，就會留下足跡、留下回憶，讓自己的視野一次一次的擴張，一次一次的記得新奇且美麗的事物。那些感受深深的刻劃在我們的心裡，永遠不會忘記，也讓我更體悟到，工作是為了體驗更好的生活，而不是生活都是在工作。

大開眼界，緬甸投資的驚奇之旅

旅行滿足了我勇敢探索新世界的好奇心，也影響我對於工作的態度。可能是因為對於室內設計的工作愈來愈上手，希望嘗試更多元的工作內容，所以遇到任何機會都想試試看，除了本業的室內設計之外，也開始和朋友涉足到餐飲業的整體規劃，從品牌、商品、到店舖設計、供應商資源，一手包辦。

當時有一位緬甸華僑業主，經由介紹認識我們，希望我們幫她規劃一個類似「愛爾蘭瘋薯」的品牌。

業主在當地的勢力不小，資源很多，不過，不怎麼尊重人。從產品設計到店面規畫、管理流程，總覺得她一直在偷學我們的想法，卻又表現得很不滿意的樣子，等到請款時又拖拖拉拉，還提議交換股份共同經營……這個案子唯一的好處是，讓我對緬甸這個國家有更深一層的認識。

當時的緬甸基礎建設落後，馬路鋪得亂七八糟，當地華僑形

容爲「掃地不淸垃圾，洗臉不挖耳朵」。同時，緬甸的人均所得落差很大，什麼天大的事，只要有錢就能解決，甚至是酒駕撞死人也可以喬，可能就像5、60年前的台灣吧。不過，年輕人倒是人手一支手機，過度消費的市場狀況令人擔憂，但也反映出高速成長的潛力，因爲年輕人多、勞動力高，而這也是國家消費力跟競爭力成長的象徵。

還記得我第一次進到仰光，被安排到地標大金塔旁的酒店，這一區是黃金地段，類似我們的信義區，酒店一晚要價一百多元美金，以當地物價比來說，非常高！但設備等級可能就像是一般商務飯店，沒什麼特別的，重點是半夜還會停電……隔天早上，我們在大廳等著業主來，竟然看到一台牛車裝著一袋一袋的東西，一個人在拉，一個人在推，另一個人在數。我覺得很納悶，偷偷觀察了一會兒，原來他們正在運送酒店的現金！要不是親眼目睹，還眞不可思議，這竟然會是發生在21世紀的事？

當時在緬甸，可以使用的是當地貨幣跟美金，但是太舊的美金不被接受，然後銀行是有可能會倒閉的，所以資金在這個地方並不安全，會用牛車運送現金更顯示了當地金融狀況的失序。

連處理現金這檔事都如此草率，對於食安當然就更隨便了。有一天晚餐，我們到當地唐人街的餐館吃飯，點了一條炸魚，發現魚沒有炸熟，我們跟店員反應後，魚被收進了廚房，剛好我到廁所，結果看到廚房就緊鄰在廁所的外面，而廚房桶子接的水，是從廁所流過去的，然後看到我們的魚，正被回鍋炸著。

另外忘不了的一餐則是，業主強烈推薦我們一定要試試看，說是當地人的最愛、具有豐富的營養價值⋯⋯等我們走到餐廳門口，看到一大盤滿滿像是蠶寶寶的東西，正在不規則的蠕動著。

　　坐定後，還沒有做好心理準備，業主跟一些當地人就把狀似蠶寶寶的東西一口一口地往嘴裡送，然後卡滋卡滋的咬了起來，一邊卡滋，一邊不斷的說服我們無論如何要嚐試看看，說是「香蕉蟲」含有豐富的蛋白質。

　　同行的夥伴死都不願意跨過這一步，最後只好我來了，閉著眼睛把它放進了我的嘴裡，咬了下去，的確是酥脆的口感沒錯，然後竟然感覺到滑順的內餡，就像是蒸蛋一般綿密，也像是在台灣山產店吃到的炸竹蟲超大型版本，其實味道是不錯的。

　　不過，我也就吃了這一個，也算是融入在地文化了，後來聽說，緬甸還有其他像炸蜘蛛、炸昆蟲等很奇怪的飲食文化，還好業主沒有要我們嘗試。那一次出差，除了工作之外，更多的是被當地的社會和人文現象所衝擊，這個世界在相同的時間軸裡，竟存在著與我們身處的環境落差如此大的地方。

　　而後我們又陸續去了緬甸好幾次，整個專案執行完成，也幫業主運用公司的進出口執照，出口了相關的生財器具，像是日本的冰淇淋機、冷凍食品、醬料等當地沒有的資源。

　　緬甸案是我第一次參與一項從無到有的餐飲品牌規劃，執行夥伴在當地協助了近一年，就被業主丟包回台灣，正好我也開始規劃自己的餐飲品牌，就順勢成為新餐飲品牌的第一批員工。

因緣際會，前進柬埔寨不動產

沒多久，另一個海外投資的機會出現了。從小和我一起打球的國小同學在一家飛機維修公司工作，那時他公司的前輩和柬埔寨當地的關係不錯，有一些投資合作，項目很多元，舉凡不動產、進出口、菸酒都有涉略，也因此結識了一位當地華僑小開，這位華僑二代是在美國受教育的，學成後回柬埔寨接管家族生意，希望發展一些其他的事業，並看中金邊市區的咖啡餐飲發展，也想趁著這個浪潮進入市場卡位。

華僑二代輾轉經過小學同學找到了我，希望我能過去柬埔寨幫他們評估一下，看看有沒有什麼可行性及適合如何運作。就這樣，同學來找我商談好幾次，但都被我拒絕了，原因是，他們所有的投資人，沒有一個人對咖啡是了解的，不要說很懂，就連概念都不太有，只覺得這個項目應該可以賺錢，對於這種半調子的創業團隊，我實在沒有興趣。

不過，國小同學一直沒有放棄這個念頭，直到有一次他又跑來找我，跟我說他們有找到一個前同事，因為對咖啡很有興趣，轉行跑去做咖啡了，對投資金邊的咖啡店計畫也頗有興趣，所以有一個對咖啡有熱誠有了解的對象要加入團隊。這下可好了！我再也沒有回絕的藉口，此時同學還加碼說，就當去玩玩也好，他們會安排到吳哥窟的觀光行程。吳哥窟可是一直在我的旅行中名單，於是乎柬埔寨考察團就成行了。

吳哥窟的旅遊帶給我強烈的衝擊，油畫村跟酒吧一條街也讓

我流連忘返。還結識了一位在當地做免稅店的空姐，她因為婚姻的關係，從航空公司退役後，舉家到吳哥窟做起免稅店的生意，還利用航空公司的資源，從事進出口、旅遊業，甚至連旅館業都包辦了，聽她分享這些經驗談，也是滿滿的收穫。

不過，重頭戲當然還是在金邊，也是此次商業考察的重點。連著幾天，我陪著他們在金邊掃街，把比較有規模跟特色的咖啡店都走了一趟，也都試喝了每一家店的咖啡。柬埔寨的咖啡大部分口味都很重，焙度都很深，就像以前到處是IS COFFEE的那個年代。當地自家烘焙的店家也不少，但是就是沒有看到星巴克，倒是有一兩家仿效星巴克風格的大型咖啡店，店址位置都設立在轉角，品牌形象和內部裝潢也和星巴克很雷同。

就這樣看了好幾天，聽著他們討論著，我一直沒有給什麼意見，直到最後要回台前，華僑二代邀請我們聚餐，席間不斷詢問我的想法，而我給他們的反饋著實讓大家都大吃了一驚……坦白說，我完全不建議他們投資咖啡店，因為看起來市場已經被幾個有資源的財團佔據了，新進者不是沒有機會，而是無論是商品或是行銷策略，都需要專業團隊來運作，不是單單對咖啡有興趣的幾個人就可以運作起來的，現在進場風險頗大，所以我還是勸他們三思而後行。

投資咖啡店，我覺得風險很高，但是金邊的不動產我倒是覺得很有趣。其實進行這場商業考察之前，我在台北已經聽過幾場有關柬埔寨不動產投資的說明會，主要是金邊房產的總價不高，又因為是首都，所以是政府開發的重點，當地政府也透過各種稅

額減免，招攬外資進來當地設立分公司，一棟棟新大樓正在興建當中，而機場連接市區的馬路卻還沒鋪好，也沒有完整的交通運輸系統，像是麥當勞跟肯德基這樣的大型國際連鎖速食店也才剛過去發展沒多久。

雖然當地的貧富落差懸殊，但可以嗅到這就是一個正在積極開發中的城市，風險是政局不穩定，不過依照首都的發展帶動，金邊的不動產絕對是很有機會的。不過，在這種資金不安全的情況下，銀行也有倒閉的風險，再者當地透天產品較有利潤空間，也比較安全，只是在法規規定下。外資進來也只能買大樓商品。

經過我這麼一分析，華僑二代居然同意了我的建議，投資方向從咖啡店調整成不動產。當然，這也是因為他們的家族事業本來就有在運作不動產投資，當地的廠商他們也熟。於是乎，很快地大家在取得共識後，集資成立公司，外資49%，本地資金51%，這樣就可以買當地透天商品，而我變成了投資人之一。

幾次討論之後，他們透過本地資源挑到了產品，投資金額不算高，大家也想小試一下水溫，確認投資報酬率跟出場時機後就下手了。就這樣，經過了兩、三年左右的等待期，最終賣掉是有利潤的，但因為成立了公司，扣掉當地些稅金，各項成本等，拿回來手上的，跟當初投出去的是一樣的金額。

事後想想，其實這筆投資沒虧就是賺了，畢竟是這麼遙遠的標的，況且不動產在兩三年內存在的變因跟不可控風險實在也很高，並不算是一個很好的投資決定，只能說是賺到經驗罷了！

這也再一次證明，所有的投資都一樣，不懂的東西就不要碰了。當個觀光客，就算在當地花錢消費都開心，但是要到海外投資，因爲當地局勢不在你的掌握之中，過程中對於自己拿出去的眞金白銀難免擔心受怕，只是徒增煩惱而已。

| CH7 |
百憂解和小倫敦
——踏上創業之路

在室內設計公司工作了七、八年後，我開始覺得工作就是不斷重複的輪迴，花了很多時間在工作上，每個月開了好幾場主管會議，卻無法改變一些覺得應該要改變的事，久而久之，想改變一些對公司好的事情的想法也漸漸放棄了，暗暗覺得在這個環境大概就是這樣了，但然後呢？

公司對我其實還不錯，也沒有什麼抱怨可言，只是覺得自己好像還可以做些什麼，可以把時間還給自己跟家人，陪著小孩成長，還有就是實現一些小時候的理想。這個理想是什麼呢？年輕的時候，我在心理排名第一順位的就是兄弟和朋友，所以我想要帶著兄弟們一起創業，讓兄弟可以改善生活的條件。

尤其那幾年我的父親離開了，雖然傷心是必然的，但其實我內心並不太難過，因為經濟條件改善，我已經帶著父母去過很多地方旅行了，也跟他們留下了很多難忘的共同記憶。但也因為父親離世，我更覺得人生苦短，很多事是等不了的。

來開間酒吧吧！

腦海裡浮出來這個想法，我要開一間像是天母犁舍的酒吧，有著我和兄弟們喜歡的搖滾樂，有著好喝的飲品，天母犁舍也是我跟潔西相遇的地方。念頭一起，我馬上找了小時候的玩伴大嘴跟夭壽男來策劃。

當時的大嘴，還在四處打零工，沒有什麼特別的專業，也沒什麼錢，但過著自己想要的生活。但我知道，他懂音樂，對於喝東西很挑、很執著，而且我們從小玩到大，跟兄弟一樣，一起經歷過太多的事情，無論如何我一定挺他，他也是我這次創業計

畫的主要合作對象。創業前期，因爲想要賣咖啡這個品項，開業前我還帶著大嘴去上了咖啡認證課程，拿到最具聲望的國際級SCAA咖啡師認證。

而夭壽男，當時還背著家裡的貸款，白天當汽車零件業務，晚上則是兼職的夜店吧台，在這群兒時玩伴中，他是在這個業界待最久的，當時在酒吧業中也有著不錯的人氣。我找來合作的兄弟中，大家都沒資金，只有我還可以，所以談好了資金我出，我負責找點和裝修設計，擔任幕後支援的角色，但對外經營則是由大嘴和夭壽男出面。

籌劃期間我繼續上班，因爲已接近公司的管理核心，要離職得是需要花上一些時間，沒想到加上主管們的慰留，前前後後竟然花了一年多的時間才完成離職程序。在這一年多裡，我家陽台時不時都有朋友來，大家在一起聊天、喝酒、談心事，成爲一個大家可以解憂愁的地方。也因爲這樣，「百憂解陽台」（Prozac balcony）的店名就這樣誕生了，而店鋪的英式風格跟門口的電話亭則是紀念著年少時常去的酒吧天母犁舍。

開幕前，幾個兄弟還相約到行天宮，當著神明的面歃血爲盟，而我也被「大哥、大哥」的稱呼，只不過沒想到的是，故事的結局跟電影演的不太一樣。

事在人爲，把想法轉換成行動

開店之前我就知道一件事，餐飲店新開業第一年倒閉的機

率是70%，1至3年內倒閉的機率是再70%，5年內倒閉的則是又再70%，這是以前上經營管理課時老師常提到的。所以說，開店能不緊張嗎？我們花了整整一年構想與計畫，討論關於商品、定位、商圈、客群等相關事宜，

這一年內不少周邊親友覺得，好好的工作不做，竟然跑去開酒吧？這類來自各方的關心跟擔心，甚至是酸言酸語，一直都沒有少過，但我的立場一直很堅定，如果是有過類似經驗的朋友給我意見，我會很樂意傾聽學習，如果是以個人的想法或是以長輩立場來給予意見，就不用多做回應了。

幾番討論過，我們訂定出來的基調是：

商品：以調酒為主

定位：搖滾樂／酒／室內氛圍，特別強調酒要有特色跟專業

客群：還不知道，但盡量不要是朋友

然後是鎖定商圈，我明確的指定了大安區，一開始是因為我住在文山區，單純覺得方便，後來也覺得大安區的店租雖然高，但是居民的消費力也較高。找點的過程不算順利，也發生了很多很奇怪，也很神奇的事情。

熟悉百憂解陽台的人都知道，我們第一間店的位置是在安和路235號，但是其實我一開始鎖定的店面是在復興南路，就是後來百憂解陽台遷址之後待了快10年的那個位置。

當時那個店址是一間叫做「堤摩咖啡」的傳統咖啡店，一天經過發現店面在頂讓，二話不說立馬找了老闆談，前後談了五、六次，結果一次又一次踢到鐵板。老闆的頂讓金開得很高，死都

不讓，而且態度還很高傲，但我關注了一陣子之後，發現其實他的咖啡店裡沒什麼客人，牆面漏水嚴重，而且設備老舊，潮濕。

找他洽談時，我為了釋出誠意，還跟他點了一杯黑咖啡，結果那杯咖啡油垢味重到我一口都喝不下去，要不是我一直覺得這個位置還不錯，才會這麼不放棄的跟他談了好幾次。

同時間我在浦城街也看了一個不錯的點，認真評估後準備談下訂了，遇到當時Roxy junior的店長，他語重心長的告訴我，千萬要三思，師大商圈已經不行了，大家都準備要被趕走了！（2012年師大路商圈被住戶群體抗議，當時包括地下社會，Roxy J後來都因此而陸續退場）

呼，好險頭還沒洗下去，這是當時我遇到的第一個貴人。

而後，一個機會又來了，店址在基隆路跟樂業街口，這個也是另一個烏龍。當時約了屋主看現場，覺得空間不錯，尺寸也丈量了，設計圖也規劃好了，準備要談定的前一天還開了會，商討了所有開店的細節，信誓旦旦地準備要大幹一場了，結果隔天早上抵達現場時，約定的時間到了，卻遲遲不見房東。我連忙打電話聯絡了房東，然後他說他也在門口，可是我怎麼也沒看到，莫非是穿越了時空？經過了一番解釋後，我整個傻眼。

原因是這樣，房東不只一個店面在出租，電話裡約定的時候他一直以為我要談的是另一間在中和的店面，因為我看的這一間早就在我丈量尺寸後沒多久就租掉了……所以那天早上我在基隆路，房東人在中和，我們在正確的時間但不同的地點通電話。

世界上最遙遠的距離莫過於此，香菇難受覺得冷，我還為此

失落了好一陣子。

　　前前後後經歷了幾個沒有緣分的位置，我覺得找店面，緣分真的很重要，不用強求，慢慢來比較快，該你的，終究會出現的。當然，資訊的正確性也很重要。

　　安和路235號，這是我永遠都不會忘記的門牌號碼。

　　同樣的流程，丈量、規劃、評估、決定，就是你了！這次我和房東沒約錯地方，房東也只有這個店鋪在租。雙方商談斡旋了幾次後，我表達要長期經營的誠意，可能需要花很多錢裝修，希望能拿到便宜一點的房租，最終簽了六年的合約，花了六、七萬元申請室內裝修證，然後一切就在慌亂的情緒下開始了。

　　首次開店，加上對於喜愛搖滾樂的熱情，我把這間店當成是自己家在裝修，設計得很謹慎，工地裡能做的也都跟師傅一起施工，材質、隔音、油漆顏色，各方細節都盡了我最大的能耐。

　　不到20坪的店面，整整施工了兩個月，我陪著師傅一起施工，同時還要討論著開業的商品細節……累翻。裝潢完工，結束了嗎？並沒有，考驗才要開始。

安和路235號──百憂解陽台1.0

　　剛開始開業，客群養成還未成熟，常常會有出人意表的客人進店，比方說看起來在酒店上班的，或是看起來常去酒店的，這些客人有的一直吵著要在室內抽煙，有的自行開酒來喝，把吧台當少爺的，最令人難忘的還是樓上鄰居。

即使是過了那麼久，我還是認為，他是壞人。

當然，喝酒的人難免有聲音較大的問題，我們也不是開店要來吵鄰居的，所以對於噪音問題，不管是在開業前或後都是我很注重的，所以在裝修時特別注意隔音，能包的、能封的、能塞的也都處理了，像是雙層玻璃、大門下氣密門縫條都裝設了，只要門一關，室外基本上完全聽不到室內的聲音，不過一但客人走出大門，我們就很難規範了，也只能盡量勸導，但這些努力都抵擋不過後來頻繁的1999市民專線。

我因為知道鄰居很重要，樓上鄰居是個70多歲的阿伯，記者退休。我在開店初期三不五時上樓送禮物，當時他還稱讚我是有為的年輕人，做這麼漂亮的店，勇敢的創業。

差不多過了兩、三個月，百憂解陽台的生意算是還不錯，客人穩定的成長，但是警察和環保局來的次數也是穩定成長，搞得整間店士氣低落，我也很焦躁，因為我們是合法設立的店家，卻一直被檢舉，但沒有人可以幫我處理這件事。

我好幾次上樓溝通，鄰居阿伯一直跟我說，他沒有打1999。我看了一下他家的格局，面對安和路、邊間、三面採光、沒有裝空調，一開窗就是迎接每天的車水馬龍，怎麼可能不吵？後來我決定做出最大的退讓，提出由我們花錢幫他做氣密窗，讓他降低室外發生的噪音，結果阿伯說，他就是要這樣自然通風，不願意裝氣密窗。

後來我才發現，他的心態根本不是噪音問題，而是壓根不想

讓任何人在他家樓下開店，所以任何條件他都不會接受。於是，樓上鄰居還是繼續打免付費專線，我們也以浮躁的心情繼續營運，就這樣過了一段時間，警察和環保局都來煩了，而從頭到尾我們也都沒有被開過單。

鄰居阿伯眼見這招沒用了，開始使出新招數，於是店裡陸續收到台北市政府寄來的公函，從商業處、建管、消防和稅捐，好像差不多該有的都有了。有一次消防局來函通知負責人去上課，針對我們這些長時間被舉報的店家進行改善宣導，結果這門課最後搞得像是批鬥大會，去上課的業者跟消防局吵得兇，我才知道原來很多業者也是被檢舉到不能開店，所有心血付之一炬。

可是我的問題還是沒獲得解決啊！我索性直接找消防局講師來支援，到店裡看看可以怎麼改善。約定的時間到了，講師帶著一位助理來從裡到外、從上到下、從前到後，非常認真的勘查與評估之後，給了我他的結論：「是人的問題。你的店鋪沒有問題，跟鄰居好好溝通吧……」這就是專家給我的建議。

當然，專家協助的部分後續就不了了之，我也一直沒有找到更合適的方式解決這個問題，但至少店舖的生意慢慢穩定了。在我自以為可以和鄰居和平共處時，阿伯卻並沒有要善罷甘休的意思，而且行徑還愈來愈誇張，下來碎念的頻率愈來愈頻繁，但我們也是好聲好氣地跟他溝通。

壯士斷腕，只能另起爐灶

　　一個週末，客人滿場，店內所有人員已經是在「掙草」的狀態了，而我正在外面跟熟客聊天，忽然間阿伯開門進來，進來就就開罵，說他在樓上聽到有保齡球在地上滾動的聲音，我一時氣不過準備衝上去跟他理論，但被攔住了。

　　爲什麼環保局和警察來到不想來？因爲這邊的使用分區是住二，晚上11點後環境音分貝不能超過標準，我買了分貝機，沒事就在室內外檢測，沒想到後來居然被檢舉室外機太吵，我二話不說，馬上叫來廠商用隔音材把室外機包起來，只留下排風口，請環保局來檢測音量時，還發現了很神奇的事情，就是當我把室外機關掉，測出來的環境分貝本身就已經大於標準值，所以無論我們有沒有打開室外機，安和路上的環境音都是超標的，這也是爲什麼從開店到離開，我沒有被開過一張罰單。

　　噪音問題沒搞走我們，鄰居阿伯繼續換招式，時不時從他的陽台倒水下來，淋到客人。更好笑的是，過年期間我們沒有營業，只有員工來店整理，警察居然又來了，說是有人報案檢舉我們太吵，剎那間我頓悟了，阿伯不是檢舉而已了，他是眞心不要我們在這裡，在這種情況下，再怎麼溝通都是沒有用的。

　　過程中我們也找過議員協調，也跑過警察局備案，結果協商不成，還苦勸我要找鄰居好好溝通，最後索幸找到里長和當初介紹我們租店面的仲介，請里長協助開協調會，開會時間到了，里長、仲介、房東、我全都到了，樓上那位老兄卻沒出現，就這樣

晃點了大家兩次。

奇怪？明明我是合法做生意，還投資了這麼多錢，最後搞得求助無門。我心力憔悴，也盡力了，跟團隊做了最後的決議。一是結束營業，不玩了；二是斷臂求生，另起爐灶。

沉澱了幾天之後，團隊的共識是「繼續吧，不然真的很可惜。」只不過第一年得來不易的獲利，全部又丟了回去，跟房東打了六年的長期租賃合約，最後只經營了一年就莎喲娜啦了。只能說，這就是人生……大部分事情都是可以被解決的，而複雜的是人。

復興南路二段309號──百憂解陽台2.0

既然大家決定了要搬店，這個重責大任就又落在我的身上了。有過第一次經驗，對於要找的店鋪條件，我更有想法了，陸續看過不少點，但對復興南路二段309號這個位置始終無法忘懷。

即使安和路還是在營業中，我還是時不時都會繞到復興南路「堤摩咖啡」看看，後來發現每次經過店門都是關著的，某天竟然看到鐵門開了一半，我厚臉皮的鑽進了店鋪，裡面還是當時那個提摩咖啡的老舊裝潢，房東正在和一個可能是當時承租方的年輕人談話，我很唐突的表達了來意，表示願意接手這個店面，跟雙方留了聯絡方式後就先離開了。

不過這是個好的開始，後來才得知提摩咖啡店面的真正老闆

原來另有其人，他很熱心的告訴我所有事情的來龍去脈，這是我遇到的另一個貴人。

原來，提摩咖啡店的真正老闆在309號這個位置，經營了約莫10年，生意一直很穩定，後來因為個人因素，將店和牌子轉讓給了別人，而這個接盤者就是我一開始想頂店所遇到的老闆。

接盤老闆接手經營後，店面生意一落千丈，弄到無法收拾殘局了，才想盡辦法把店盤讓給那位年輕人的爸爸。由於頂讓金額並不便宜，加上年輕人經營了半年左右，發現生意並不是如前手說的那樣，所以才急著跟房東談退租或轉讓。

了解狀況後，我約了房東見面談，也取得共識。房東很坦白，他的意思是當初年輕人頂讓的金額不低，如果我們要做，希望我們也不要讓他賠太多。最後商談的結果，我們以二十多萬頂下來，整間店遺留下來的設備、桌椅和漫畫，老舊不堪用，還附帶了超嚴重的漏水問題。顯然，這將是另一個頭痛的開始。

遷店是一項大工程，不管是預算、時間、整合規劃、如何搬、店休多久等，都是一大堆想到就頭痛的問題，再加上當時大家晚上都還要上班，也只能分頭分工進行，隨時討論修正。

正式裝修前所遇到的第一個問題是，整間店的東西該如何處理好？後來討論出了一個很棒的主意，簽下新店鋪的第一週，我們把用不到或可能可以賣錢的設備，像是咖啡機、磨豆機等標上便宜的價格，做了幾天的出清拍賣，這個策略讓我們回收了一些資金，甚至超過了我們頂讓店鋪的金額。

正式進入裝修期，過程中發生很多小插曲。像是拆掉原有

天花板後才發現，從騎樓到店鋪、後方廁所整排都在漏水，整個二、三樓都沒有住人，更神奇的是和隔壁二樓的交界處，長了一棵用雙手都環抱不著的大型植物，從室內的牆上一路沿著後陽台長到外面……全部的人看到都傻眼了。

原來，大部分的住戶都在等都更，房子空在那邊至少十多年，這也可以解釋得通為什麼房東只願意跟房客簽一年一約，而不願意簽長約。

那棵樹跟嚴重漏水的問題，前前後後花了好幾年才解決。樹，最終是鋸掉了，但漏水問題其實是無解，因為樹根都已經伸進到建築物裡了，廠商用了很多方法都沒辦法改善，最後使出大絕招，在二樓室內打了一條排水溝，然後直接往下鑽到一樓的天花板，做了個集水盤，再接到冷氣排水管，最後把水導到室外，才克服了漏水的問題。而我找來一塊超大的英國國旗，垂吊在天花板上，看起來像是刻意裝飾，一點都看不出來是要遮掉上面難看的集水盤，這應該就是設計師存在的價值！

整個搬遷的過程，團隊一起完成了很多不可能的任務，像是新店鋪從裝修到完成只花了三個星期，而我從設計規劃、整合都陪著師傅一起施工，直到最後一週的搬遷期。

搬遷完成後，大家都累到一個臨界點了。重新開業那天，我們從中午就開始接待客人跟朋友，當天不收費，讓大家自由捐獻。那天店裡來了很多客人跟廠商，喝到酒商自己醉倒在門口，還被救護車載走，對面站了一排人看熱鬧。

這是復興南路二段309號——百憂解陽台2.0的第一天。

| CH8 |
忒修斯之船
——事情和感情必須分開

終於，沒有了樓上鄰居的問題，連著兩年的周年慶，我找了很多樂手來玩現場音樂，沒有「人」抱怨，感覺真的很不錯。

不過，有一些人事的變化同時也在醞釀著。

從百憂解陽台2.0開始營業前，就因為希望能增加坪效，照顧到其他兄弟，我們規劃了白天的生意。當時有些人衝著我大哥、大哥的叫，而我也無私地希望能幫朋友們打造更多的工作機會，白天團隊就這麼架構了起來，成員也大多是兒時玩伴們，只不過最後事實證明，這是自找麻煩。

白天的營運成本高，營收也不如預期；雖然晚上有獲利，但加上白天的虧損，整體營運效益不佳。然後上晚班的會覺得，自己辛苦賺的都被日班虧掉了；再者，是好朋友就不會是好同事，職責的分配、責任的歸屬變得很複雜，有的人情緒化，有的人做事死板，又有誰跟誰不合⋯⋯最後連潔西也被拖下水，因為處理事情而責備了員工，而員工既是朋友，又是我兄弟的女朋友。

這一連串複雜的心結，慢慢的在店裡串接了起來，形成一種充滿煙硝味卻又還未引爆的氛圍。而我，被搞得裡外不是人，一下子這邊來跟我抱怨，一下子那邊跟我甩態，前前後後經過了半年多。自己造的孽要自己處理，最後是由我自己一個一個親自面談，撤回我當初的決定，回歸單純的晚班生意。

把不對的人，放在不對的位置，就算是你自覺的善，或許在旁人的眼裡也是一種惡。

晚班經營又回歸到我跟大嘴、夭壽男的三人分工狀態，我們的營運維持了一段還算不錯的狀況，大家持續每季分紅，甚至分

到他們都覺得季分紅獎金怎麼這麼多？其實公司沒留什麼現金，都分出去了，開店攤提費用也是我這裡負擔，那一年員工旅遊，我還帶著大家到蘇梅島度假，租了一間有泳池的獨棟別墅，還請了廚師來Villa煮飯……酒過三巡，最後只剩我跟大嘴，他告訴我，他和夭壽男不太適合再在同一間店工作了。

從小到大，大嘴都是我最挺的人，也是我最重視的兄弟，可以說任何事我都會想到他，以他為前提，他說的建議我都會優先考量跟處理。那幾年台灣精釀啤酒的風氣逐漸成形，一個個在地精釀啤酒品牌成立，代理商也絡繹不絕的提供品項，我默默地把大嘴提到的事情放在心裡，盤算著或許可以來開一間精釀啤酒店（Craft Beer Bar），這和百憂解陽台原本的調酒店客群不衝突，又有新的項目可以嘗試，然後讓兩個人一人管一間店，或許是個解決衝突的好辦法。

或許是心理學上的「視網膜效應」，當人們產生某種特別的需要或心向時，就會對所需要的對象產生濃厚興趣，自然或不自然的去留意相關訊息，從而產生選擇性注意。正當開一間精釀啤酒店的想法產生時，店裡招來一個新正職，他是從美國回來的，也常常在跑精釀酒吧。

這個人原本在一家老外開的精釀啤酒店當吧台，在我們進行市調時搭上了話，聊著聊著越聊越多，最後加入了我們的精釀啤酒店團隊，還輾轉介紹了一間有意願轉讓的精釀啤酒店「小倫敦」（Little London）。

小倫敦當時已經在延吉街131巷經營了兩、三年，店鋪類型

很符合我們的需求，店裡的人力配置也可以，大家討論完後，頭就洗下去了。幾經考量後，我們決定維持小倫敦原本的名字，負責出錢的我還是絕對股東，營運團隊就由大嘴來帶領。

重要的體悟，事情和感情必須分開

在小倫敦精釀啤酒吧經營的初期，因為商圈不同、商品差異也大，除了盡量推廣以外，我們自己也透過不斷的品飲、上課、和客戶與廠商端的互動，甚至自己開始試著釀啤酒，從對於精釀啤酒半知半解，到把這個項目了解通透，我也不斷思考著，該如何利用這個產品，得到更多的發展。

透過朋友介紹，剛好認識了一個從中國過來的商人老蔣，老蔣是做設計的，想在安徽合肥做一家酒吧，趁勢來台灣考察。這個老蔣第一次來台灣，一下飛機，就從機場租了車，開始全台灣趴趴走，和我印象中大陸人來台灣要跟團，講話很大聲，會隨口吐痰的氣質不太一樣。

老蔣喜歡旅遊自由行的特質跟我很像，又同是設計出身，兩個人當然很好聊，相談甚歡後，他邀請我們到當地看看市場，了解一下可以合作的可能性，這個拓展生意的大好機會當然不能放過，我帶著大嘴飛到了安徽合肥。

在當地參訪了幾天，發現當地的飲酒文化跟知識，和台北約莫相差了近15年，精釀啤酒在當地的發展，有人做但很少，可能是一個機會，但也伴隨著早期市場教育的風險。本來我們只想單

純的擔任供應商的角色，像是提供貨源、教育訓練和相關活動的安排，到後來老蔣希望邀請我們一起合夥，成為股東。

一個下著雪的晚上，在合肥當地酒吧的室外區，我跟大嘴討論著是否合適入股，他說：「老大怎麼決定，我都會相挺！」

嗯，我當初出來創業，不就是希望帶著大家，一起在市場上闖出一些名號嗎？不就是創造更多工作機會，讓大家變得更好嗎？在需要決定重要方向時，這些人情上考量都成為我的思考脈絡之一，當然最大的風險就是倒閉，而這樣的風險我能不能自己承擔？評估過一切後，我做了人事安排，讓大嘴擔任台幹支援，等店開了，帶著我們的團隊到合肥，進行人力支援與教育訓練，直到當地員工可以獨立作業。

這個階段性任務完成後，幹部的酬勞包括兩岸公司薪資分紅，而同時間小倫敦也要培養出一個新店長，可以獨立負責運作店務，而我則是兩岸之間飛來飛去，變得十分忙碌。

慢慢的，事情發生了些變化。對岸的股東看似人不錯，但是在店鋪經營的部分，總好像隱瞞了某些東西，我自己無法長期駐點，安排團隊過去就是希望當眼線，讓我能適時做評估與溝通，結果安排過去的團隊，把這個旅程當成自己開拓視野的機會，耗費著我的成本。玩了很多地方，也結交了不少朋友跟在地廠商。但是店裡營運的狀況，卻沒有清楚回報，讓我能夠及時應對，也沒有用對方法，藉由台灣管理團隊的力量訓練當地員工，幾次我自己到現場觀察出來的問題，也一直沒有被解決。

幾個月過去了，大嘴就說他不行，想要回來台灣了。

在一團混亂中，協調在地股東，我讓他回來了，但小倫敦新店長營運的很不錯，沒有理由撤換，只能讓他再回到百憂解跟夭壽男一起，而我自己負責處理合肥店的善後。後期也發現整個過程中，除了我們自己人員運籌不當之外，對岸的合作對象在誠信方面也有很大的瑕疵，難怪人家說，安徽出騙子，十億人民九億騙，河南人是總教練。

畢竟是生意，前後不到兩年，最終也逃不過經營不善而倒閉的結果。當然這一切，是我自己得承擔。而我重視朋友到虧錢也沒關係，這一點也常讓潔西有所抱怨，她一直擔心我會吃虧。

回到台灣後，我做了一個決議，開始讓百憂解的店面做攤提，固定將我先前投入開辦店面的成本回收，剩餘部分再分潤。其實，是我晚了幾年做這件事，一方面是擔心店面盈餘不夠，另一方面也是體恤大家的辛勞，先把盈餘分給大家。但是店面成本攤提是必然運作的流程，只不過大家習慣領取高額的季分紅，現在分紅金額降低了，反而覺得是我剝奪了他們的權益，埋下日後分道揚鑣的心結。

第一次感受到被背叛的感覺

至於提早從大陸回台的大嘴，看到百憂解陽台因為一連串的調整，讓大嘴覺得這不是他想要的經營模式。當然，這個時候的他，已經有著豐富的實務經驗，也看過了強國世界，理應會有自

己明確的想法，所有店務都由他主導，廠商資源、客群、員工、兩岸資源，也都圍繞著他。

大嘴成了酒吧業的紅人，但那些資源和經歷彷彿都跟我沒有太大的關係。就在我宣布要開始進行店面成本攤提後，大嘴帶著團隊告訴我，他們不想做了。

以我的立場來看，本來就是我的投資盈餘，只是替兄弟們著想，所以只要有盈餘就先分配給兄弟A和兄弟B，從年分、半年分、再變到季分紅，導致於公司沒有什麼預備資金，後來我發現不對，要換個方式，做了個調整，兄弟就翻臉了。

也像是這樣的比喻：甲跟乙的交情不錯，知道他喜歡吃雞蛋，每次發了雞蛋都給乙吃。剛開始乙很感謝，久而久之便習慣了。習慣了，便覺得理所當然了。後來有一天，甲將雞蛋給了丙，乙就不爽了。他忘記了這個雞蛋本來就是甲的，甲想給誰都可以。為此，他們大吵一架，從此絕交。

記得剛搬到復興南路一陣子，一位很要好的學長來找我，看到店裡生意很好，很替我開心，但他也提醒我，如果大嘴跟夭壽男被同業挖走了怎麼辦？因為客人都是他們的，要小心。

當時我還信誓旦旦的跟他說，不可能，大家都是兄弟！大家花了這麼多時間一起經營，而且我對他們不錯啊，如果真的這樣，大不了就不做了。現在想想，我還真夠灑脫的。

結果真的ㄟ，在這間店上沒丟半毛錢的兩兄弟，手牽手一起走得灑脫。當時他們告訴我的理由是，「不想做這個了，想休息一下，再看看後續如何。」我這個出錢的冤大頭還天真的擔心他

們後續的生活狀況，各別包了不錯的紅包給他們。

　　但兩人離開之後，熟客和朋友間充滿了各種奇怪的傳言，包括三人理念不合，我把他們開除了，或是我去他們開的店裡鬧事……事實上，我根本不知道這個人要開新店，直到員工私下告訴我，當時我還跟員工說，「怎麼可能，他們告訴我沒有要開店，我們是兄弟ㄟ！」直到證實了，周遭廠商和我店裡員工每一個人都知道了，只有我不知道。

　　這是我第一次感覺到，被背叛的感覺。

　　這感覺像是被捅了一刀。被捅一刀和被割一刀有什麼差別？後者傷的是表面，痛一下，雖然後續可能有疤痕，但很快就痊癒，而前者是表面看起來沒什麼傷口，但很深，可以致人於死地，也會痛很久，基本上很難好。

　　原來，當初歃血為盟的兄弟情誼，在利益面前是可以隨時不要的。在這種情況下，我一次都沒進過他們開的店，只有在他們開業時請人送了盆栽過去。

　　另一方面，我得拖著被捅了一刀而受傷的心強打精神，因為兩位主事者聯袂出走，店裡變得一團亂，客群也因為他們的離開而少了很多，同時間我還需要處理中國市場的善後和其他餐廳的擴張……事情雖然麻煩，但是見招拆招，一步一步來總會解決，至於對於人性和感情上的傷，恐怕就只能靠時間來沖淡一切了。

　　到了現在，從店裡出去自己開店的員工有很多個了，其實我覺得這是很好的發展，我在意的是，能不能互相誠實以對，提早知會當然更好，對彼此都是一種尊重。畢竟之前大家互動不錯，

也沒交惡，實在不需要隱瞞。至於大嘴，畢竟曾是兄弟，到現在我還是不知道爲什麼要選擇絕交，我痛苦了很多年，但也就這樣吧！是因爲隨著時間的流逝而原諒了嗎？我可能比較認同蔡康永所說的，那不是原諒，那是算了！

以前的我奉行「用將者爲王」的信條，一直認爲管事理人，只要把頭管好了，下面的人就沒有問題了。而年輕的時候我心理排名第一順位的是：兄弟跟朋友，過於感性的結果是自己吃了虧，對方也不覺得感恩，因而產生出很多雙方都不樂見的後果。後來我在管理上徹底改變，學會把事情和感情分開來，管理結構沒有什麼變化，但處理人事少了些情感，取而代之的是規範。

百憂解7週年慶時，我從國外包了一桶單桶威士忌，取名叫「忒修斯之船」，這在哲學中是一種悖論。希臘作家普魯塔克提出了這個問題：如果忒修斯船上的木頭逐漸被替換，直到所有的木頭都不是原來的木頭，那這艘船還是原來的那艘船嗎？有些哲學家認爲是同一物體，有些哲學家認爲不是，而這類問題就被稱做了「忒修斯之船」。

如果百憂解陽台主要經營的對象，跑去經營了另一間店，那原本的百憂解還是百憂解嗎？這是沒有正確解答的問題，唯一的解答是，船要繼續往前開，而人得繼續往前走！

羅斯福路三段308號——百憂解陽台3.0

復興南路都更案正式通過程序執行，也確定了我必須結束了

百憂解在復興南路將近8年的日子，加上安和路的一年，百憂解陽台成立已經將近10個年頭，發生了好多好多事。8年，足以大學畢業2次，足以建立一段很好的關係，也足以摧毀一切情誼。

雖然一直有所準備，也知道這一天遲早會到來，不過，真正明確的時候，心裡難免覺得不捨，因為真的很久了，在這個地方，實在是發生過太多事情了。但是換個立場來想，也是一個重新開始的機會，無論是好的，或不好的人事物。也可以淘汰一些老舊的設備，更新些生財器具，不過，維持原本百憂解該有的樣子，則是這次的工程最大的目標。於是就開始了。

經歷過多次的苦頭，這次決定，希望把除了營業上的問題之外，其他的不可控制因素全部排除，比如說鄰居的問題，商圈的合適性，簡單的來說，就是要找純商業區，雖然租金的成本可能會比較高，但至少可以比較安心，也能有商圈的加分。而盡量不要離原本的距離太遠，讓一些舊客戶可以方便些，師大商圈已經沒落了，剩下的就是公館了。

其實從舊房東那邊得知都更明確的訊息之後，陸續都有一直在看適合的位置，不過遲遲都沒有合適的地方出現，直到房東把我們要搬家的時間確定了，也很巧妙的，沒多久，新的地方就出現了。

空間稍嫌小了一點，不過還可以接受，反正小小的，感覺有到，也比較熱鬧，純商業區，完全合法登記，除了餐飲、酒之外，可以運作多種文藝相關業務，展演空間，更好的是，位置很方便，台灣大學正對面，雙捷運中間。不過是在地下室，剛好，

我們也一直有個想法，希望讓客人可以從代表百憂解精神的電話亭進入到我們的店裡。

嗯，萬事俱備，只欠東風了~

一邊接洽處理租賃合約，一邊則是進行最燒腦的規畫配置，要怎樣把它變成，心目中的那個樣子呢~

一般如果店鋪的施工裝修要快，拆除工程就會降低，基礎的泥作工序也會減少，不過，可用的空間相對就會比較少，空間規劃的彈性也會比較低，而我們在施作的習慣則是，拆光光，重新開始。

拆到見底有幾個目的，除了要爭取這寸土寸金的空間利用之外，水平，垂直的校正，洩水坡度的安排，也十分的重要，以餐飲來說，尤其是酒吧業，汙水排水的順暢程度，十分重要，需要合適的排水管徑，搭配過濾的攔渣系統，定期的清理保養，得以讓你的工作吧台或廚房，免於堵塞之苦。

而店鋪的施工，跟住家最大的不同，複雜度較高的地方則是在於工種的安排協調，分配，甚麼時候進場，換誰進場，怎麼搭配，甚麼時候要快速銜接，甚麼時候可以一個一個進場，甚麼時候要一起進場，加上緊湊的工期，無疑是跟時間賽跑的戰爭。

再來就是尺寸上的誤差，拆除完成之後的店鋪，複量完的尺寸跟原始丈量的尺寸可以天差地遠，也就是代表配置要做調整，位置也要調整，所以必須在清空的空間裡，帶著木工師傅現場放樣，快速調整成最合理的配置，這個階段就變成很關鍵了，要有準確的開始，後來才不會重工，增加成本，也增加工時。

整個店面搬遷的流程，因為有過上一次的經驗，相對地變得順暢許多，也果斷的屏除了一些，看起來可以節省預算，但實際上會增加很多施工難度，跟增加工期的選擇，也放掉了一些具回憶性的代表，是一種斷捨離，最後也順利的完成了。

　　希望是下一個10年的百憂解陽台ProzacBalcony3.0。讓它看起來有點不一樣，但一樣很百憂解。

| CH9 |

長出不一樣的花
——開展多元品牌

在我的創業路上，百憂解絕對是在舉足輕重的位置，它真的就像一方小陽台，經過耕耘灌溉、歷經風吹雨打，反而造就出肥沃的土壤，讓百花盛開，蝴蝶自來。

　　在百憂解陽台的生意穩定後，由於我把經營權釋出給大嘴和夭壽男兩人，至於我自己則開始思考發展其他行業的新品牌。一次帶著家人到九州旅行，走到北九州最北處，發現了一個叫做門司港的地方，門司港的在地名物「燒咖哩」，在當地盛行好幾十年，這種特別的吃法是把咖哩飯加上生蛋，上面鋪滿起司，再進烤箱焗烤。

　　除了燒咖哩，門司港還有很多有趣的地方，比如說，它是甲午戰爭李鴻章簽訂馬關條約，把台灣割讓給日本的地方，所以當地另一個在地名物竟是來自台灣的「香蕉」。也因為門司港是日本重要的貿易港口，從建築、人文、餐飲都充滿了異國風情，跟在地結合成不同的樣貌。

　　我決定把燒咖哩引進台灣，計畫運用半年到一年把店開出來。最辛苦的是研發過程，因為我訂出來的目標是——無添加劑、盡量無味精、不使用太白粉勾芡，還要做出多種風味獨特的咖哩醬，而且從高湯熬製、洋蔥炒法、咖哩粉製作、咖哩醬材料配比，全都不假他人之手，自己鑽研。可想而知，就是不斷的失敗再重來、失敗再重來，就這樣光是咖哩醬就嘗試了快一年，才慢慢找到了我想要呈現的樣貌。

　　我在當兵前是個料理門外漢，但因為部隊特殊文化的關係（新兵甚麼都要做），使得我這個通訊兵在退伍的時候得到了一

手的好廚藝，在百憂解也曾經做過白天的生意，所以我去拿了咖啡證照，學習過程中啟發了我，用科學實驗的方式進行研發，以試驗和對比的作法來找到自己的配方，不用倚靠其他廚師倚老賣老。

比如說要學習如何做一杯味道平衡的濃縮咖啡，最重要的事情就是把豆子、磨豆機、咖啡機、水溫等這些可能的變因固定，所有的變因設定成一樣，然後學員和老師一起做，一起試喝，大家輪流說出喝了每一杯之後的想法，是偏酸、偏苦、偏鹹還是偏甜？每一次試驗只調整一項變因，最後得出最關鍵的因素在於填壓，而因為每個人填壓的力道不同，角度不同，得到的結果就會完全不同。後來我在研發咖哩醬料時，也是用這樣的精神在製作。

製作咖哩醬，最重要的事情之一是熬煮高湯，當中關鍵在於，熬煮高湯的雞大骨要先進行烘烤！舌頭不會騙人，兩鍋湯的內容物與製程都相同，只留下一個變因就是雞骨，有烤過跟沒烤過的，一試就知道哪一個比較好喝。這種試驗很難嗎？其實不會，但是很費時間，而這就是大家所說的「職人精神」。

用雞骨跟蔬菜為底的西式高湯，味道清爽不油膩，是我很喜歡的高湯基底，但也因為口味比較清淡，對於製作咖哩醬料來說會有點衝突，所以要從咖哩粉的香氣和製作醬料的材料著手，才能做出完美的咖哩醬料。

其中，油，也是裡面不起眼、但很關鍵的因素之一。

任何料理都需要用油，不論是沙拉油或是橄欖油，我們在製

作咖哩醬料的油，會用配比好的香料爆香一定時間後，完成我們自己配方的香料油，可以提升之後醬料製作的香氣。另外，自製手工咖哩粉、炒洋蔥、燉煮、肉品醃漬、熟成、調色……每道工序都有自己講究的關鍵，魔鬼真的都在細節中，一個沒做好，整鍋醬料就毀了。不過，就算完成了上述那一大堆複雜的製程後，用看的還真看不出來這咖哩醬有何特別之處。

對，肉眼來看，我們的咖哩醬和用市售咖哩塊調味出來的差不多，但我自認，這可是一個滿滿心意的咖哩醬，是要給自己和最愛的家人吃的咖哩醬，實在沒有辦法草率，所以才會花了那麼多的時間做研發跟製作，而當然這些時間也都是成本。

跳脫舒適圈，催生餐飲新品牌

賣咖哩飯對我來說和生小孩差不多，是一個從無到有的過程，其中的心情有緊張、慌亂、興奮和期待。為了市調我們研發出來的商品，我利用白天百憂解的場地，辦了兩個梯次的試吃會，邀請了好幾十位親朋好友、當時的員工同事，還有以前的同事來參加，我們收集了幾十份問卷，做為檢討和調整的依據。

只不過，大部分的親朋好友都很客氣，沒有很直接地說出心裡面的想法，只是試吃完看起來都面有難色，最後推派了一位資深同事來跟我說：「你確定要賣這個東西嗎？大家都很擔心。」

那個晚上，我一個人獨自坐在家裡的陽台到天亮，腦子不停地轉動，不斷思考著到底為什麼努力了這麼久，試吃客人的反應

竟然是這樣？到底是香氣的問題？肉的問題？還是焗烤的問題？最重要的是，這樣要怎麼賣？

　　或許是做過運動員，我是不會那麼容易就放棄的，只要我想要做好一件事情的時候，堅持的意念是很深沉的。隔天我收拾好沮喪的心情，把所有的回饋列成清單，一個一個的檢討和反思，為一個又一個的問題找到解決方案。

　　我發現其中最關鍵的事情，就是咖哩粉的製作。

　　一開始我們在製作咖哩醬料時，用的是廠商提供的咖哩粉，過程中也試著找香料，自己用手磨，但光是要在台灣找到齊全的香料，就一個頭兩個大了，況且還要用手磨成粉，再調配出自己覺得合適的味道，如果以開店為前提，這種做法的成本之高，簡直就是自找麻煩。

　　當時嘗試之下的手磨粉，一直堆放廚房角落的櫃子裡，直到這一次重新檢討問題，我忽然想到，何不拿來試試看？

　　於是我用做實驗的方式做了兩鍋，一鍋是廠商提供的市售粉，另一鍋是自己製作的手磨粉，兩者都是使用天然食材為前提下製作的咖哩醬，但天啊，香氣也差太多了吧！

　　後來我們的咖哩醬，使用的都是自家研發製作的咖哩粉，而且本來從「部分使用」變成「完全使用」，完全沒有加市售咖哩粉。也因為如此，後來在規劃林口的中央廚房時，還特別規劃了一間製粉室。或許天助自助者，當我陸續把商品調整定位後，也很幸運的找到了位在小倫敦斜對面的店面。

　　最後一個步驟就是命名了，因為品牌發想來自門司港的燒咖

哩，所以最後就取名爲「門司燒咖哩」。

剛開業的心情跟生出了一個小孩差不多興奮，但卻又緊張，所謂生小孩容易，養小孩難，畢竟是從無到有，才能把店裡所有的東西變出來，實在也是不容易。

門司燒咖哩開始運作後，因爲商品在市場上有差異性，拍照也夠吸睛，陸續吸引來了媒體報導，也擠進了當時「台北必吃咖哩」的排行，生意狀況還算不錯。賣咖哩的第一年，很順利且平安的度過了，還吸引到藝人前來洽談合作，希望可以引薦到中國去發展，我很心動，但有了上次到合肥開業的經驗，還是選擇保守以對，不過這對我這個餐飲菜鳥來說，十分激勵。

門司燒的第一間店，一直存在著一些問題，包括店面空間太小、倉儲空間不足、製作產品的空間有限，但是因應人潮，服務人員愈來愈多，分工、發展……種種問題一直在我們討論的範疇中，也覺得應該要再找一個地方，讓產品製作流程能夠更流暢，人員也能有所升遷發展，以利後續快速展店。

幫助員工拓展更大的舞台，這個埋在心裡的聲音愈來愈明顯，也促使著我們輾轉找到了林口，租了第二個店鋪，二店連同中央廚房，一整棟總共三層樓，還有室外區。

跨入賣場展店，一步錯後步步錯

花了近三個月，林口店的店面跟央廚一起完成。這次因爲地方大，我做了很多很有趣的店舖設計，例如利用工業風格爲主

軸，用棧板訂做餐桌，以精釀啤酒店收集來的酒瓶，製作成獨一無二的吊燈，瓶蓋則是做成浴室廁所的地板材質，牆面還訂做了一整面品牌馬賽克壁磚，店內同時還設有兒童遊戲室、咖啡吧檯、甜點區，試圖想讓二店的風格有所不同。

店面擴張了好幾項業務，但人員並沒有增加很多，唯一超出預算控制的是中央廚房。因為我沒有規劃中央廚房的經驗，預算著實多花了不少，包括訂做的降溫槽、天車、貨梯、冷凍冷藏櫃、攪拌機、封口機、靜電機、大型拌粉機、落地型磨粉機，還訂做了一個做豆漿用的攪拌機，作為醬料降溫使用。數不清的央廚設備、整棟樓的泥作工程、鐵件、植栽、增建、兒童遊戲區，還有配送醬料的冷凍車，全部一次到位，當然預算超標了很多，公司資金不夠，我就由私人往來先做處理。

中央廚房成立了，就代表需要更多的營收來支持中央廚房的營運，意思就是要出更多的貨到店面，而店面的銷售量要提高，這也代表分店數要夠多，快速展店是必要的。但真的分店數夠多，一切就會變好了嗎？好像也不完全是，到時又發現央廚人手不足，設備載量不夠，運輸排程需要擴充，才能滿足需求。

然後，一切卻又要歸零，重新開始。不同的是，全部的事情都變得更複雜了，從品質到人員管理、總部資源、金流、商圈都是，更麻煩的是，決策下去的執行事項，到了現場觀察後發現完全走鐘。漸漸的，陷入這個無限循環，我花在門司燒的時間愈來愈長，但好像也愈來愈力不從心。

當時我的名片職稱是「策略長」，負責公司的策略和研發，

有任何燒腦的事就都是我的業務，那幾年的壓力真的很大，常常睡不好覺。我們需要不斷的開分店，因為央廚需要出貨才能支撐營運。

因為要快速展店，無法像以前一樣自己找點，看機緣簽約，然後自己規劃內部裝潢。想要快速展店，最快的方式就是接洽賣場，快速評估合適與否，但一跨進入才知道，賣場和街邊店的評估是兩個世界，從工裝補助、包底抽成、消防、室裝申請、結帳機、pos機都要用賣場的，沒有人脈、不是集團，好像不太適合玩這個遊戲，因為店還沒開始營運，就不知道已經花多少錢了。

商場的位置在北車，條件的確不好，我們談的包底抽成條件也很差，最終經營下去也是持續虧損，前後也是不到兩年的時間，我就決定提前解約。好在因為進了北車商圈而有些能見度，進而吸引了像是復興SOGO、新竹大遠百等賣場前來招商，也陸續也找到合作對象，順利進入設櫃經營。

前前後後五年的時間，門司燒咖哩一共開出了六間門市、一間中央廚房。後來沒有繼續的原因大都還是因為「人」的問題，當時我犯的管理錯誤是一樣的，應該在進駐賣場時就自己管理、觀察問題，而不是單聽一方的說法，錯失了判斷決策的關鍵期，我的過度授權，導致最後虧損出場。

六間門市、一間中央廚房，最後因為我罹癌了而在慌亂中草率結束，我就像失去親生小孩一般的心痛。

結束門司燒，我所學到的三件事

　　過度的信任跟授權或許不是好事，而且永遠不要相信用嘴巴說出來的計劃。除非是自己計畫、自己主導執行，這樣你至少可以從過程中發現問題，檢討自己的計畫對不對，需不需要做出調整。如果計畫沒有調整，公司也並不會是賠錢賠個幾年，撐一下業績就會變好了。這是在結束門司燒之後，我自行檢討整個過程，學到的第一件事。

　　第二件事是，合夥人的實力相當這件事是必要的，自己只要能力夠，同等的資源就會慢慢靠近，而不需要強求，硬是要搭上不同等級的資源。因為合夥做生意就是這樣，所有的事情都必須要共同承擔，不管認同與否，注定就是綁在一起了，至於公司結束之後，本來的朋友關係會變成如何，就看各自的造化了。

　　我自己常說，認識一個朋友最快的方式就是，一起合夥做生意。事實上從林口二店開始，我和合夥人之間的管理就出現了問題，漸漸進入破窗效應，一切都在不健全的狀況下持續進行，導致窗戶的裂痕愈來愈多，最後多到無法修補，直接破窗。

　　第三件事是，沒做，永遠不會知道結果是什麼。

　　當然，你也可以選擇連開始合夥都不要。事後看來，你可能會覺得，那就不要合夥做生意，損失會最少，朋友的關係也不會變質。但是換個角度想，沒有跌這一大跤，也不會有這麼大的領悟、這麼深刻的學習。

　　這就和股票投資一樣，你永遠不會知道大盤會怎麼走，法人

外資會怎麼操作。所以「預估」一定都會有變數。我們可以做到的是，時不時回頭看線型，然後分析。這就和經營公司一樣，回頭檢討是必要的，但目的應該是更進步，而不是為自己的過錯找藉口。另外，當有資金缺口的時候，也要適時停下來思考，盤點自己有多少承擔的能力，可以堅持繼續衝。

我相信人生不是得到，就是學到，只不過這一堂課的代價實在太大，我賠上了自己的事業和健康。而最終，門司燒是失敗的，公司結束的那一年，我正處於治療癌症的階段，也無力再做什麼事情了。

雖然這個品牌變得不值錢，但我其實不太甘心，我仍然相信門司燒如果堅持初衷應該是成功的，就算不是連鎖店，也會是一家賺錢的店。

我期待著，這個故事的最終篇，有重新開始的那一天。

| CH10 |
開店最重要的事
──開店的眉角

從2012年開始到2022年，這十年間我自己營運和協助他人開過的店，加一加超過十間，或許不能算是數量很多，但每一間店都是全程參與，其中的營業類型包括特色調酒吧、精釀啤酒吧、特色餐飲店、連鎖餐飲店、速食店、特色咖啡店；店面位置歸類包括街邊店、中央廚房、賣場店中店、賣場統櫃。

當中調酒吧搬過兩次店，包含承接過兩次別人的店面，原店面頂讓給別人兩次。目前我手上經營的只有「百憂解陽台」跟「予人咖啡」，其他的門店已結束營業。算起來，每間門店的壽命為期二到五年不等，以我自己來說，真的確切經歷「開店只有10%存活率」這件事。

店名	類型	開店年份
百憂解陽台Prozacbalcony	特色調酒吧	2012台北
小倫敦Little London Taipei	精釀啤酒吧	2013台北
Potato break	連鎖速食店	2014緬甸
墾丁墾丁	餐酒館	2014中國合肥
門司燒咖哩	特色餐飲店	2015台北
門司燒咖哩	特色餐飲店	2016林口／中央廚房
門司燒咖哩	特色餐飲店	2017桃園
門司燒咖哩	賣場店中店	2018北車/Sogo/巨城
予人咖啡	特色咖啡店	2021台北

開店存活三要素：業績、人、合作關係

　　既然開店結束的比例比較高，那就先來分享一下，一間店會結束的原因。

　　第一個重要原因，當然就是「業績」。

　　有一句話叫做「業績治百病」，意思是業績好的時候，員工有什麼問題都不是問題，業績不好的時候，員工連走路你都可能覺得有問題。業績也是門店營業的命脈，但怎樣才算業績好或不好呢？以餐飲業來說，可按照每月營收比例來看是否達到損益平衡點。以下表舉例來看，假使當月的營收不到30萬元（損益平衡點），各項費用所佔的月營收比例就會變高，從而轉為赤字，也就是虧損。

費用項目	佔月營收比例	假設月營收為40萬
租金	10~15%	4~6萬
人事費用	25~30%	10~12萬
食材成本	30~35%	12~14萬
水電雜費	3~5%	1.2~2萬
稅	5%	2萬
成本小計	73%~90%	30~36萬
獲利	10~27%（稅前獲利）	4~10萬

第二個關鍵因素是「人」。

在餐飲業的營運中，成本最高的除了食材之外，再來就是人事費用。不管你是自己下去做，還是請廚師來做，或是請專業經理人來管理，這些成本都將隨著餐飲規模需要不斷地調整，而負責人更是需要面面俱到，也必須堅持到最後，不過，如果你的健康也沒了，這一切可能也很難堅持下去了。

在這個環節裡，管理就變得特別重要。餐飲管理不用給員工太多彈性，更重要的是提早樹立好規範、規則，大家照著遊戲規則走，有特殊狀況再保有些許彈性就可以。以我自己的經驗，就是不要感情用事，也絕對不要用熟識的朋友當員工，這些都會增加你管理店面的難度。

第三的關鍵因素是「合作關係」。

朋友之間再怎麼好的交情，都有可能因為開一間店而崩裂。從不對等的投入資金分配、無法預期的內外部狀況，都有可能讓你們從信任轉為不信任的共事關係，或是從互相包容轉為無法接受彼此的工作習慣，這些都是跟朋友一起開店做生意可能會發生的狀況，最後連朋友關係都不是，這是我這十年開店做生意的心得。所以說，認識一個朋友最快的方式就是跟他合夥做生意，卻也可能是決裂的開始。換言之，如果你很重視朋友，絕對不要和他一起做生意，或者讓他當你的員工。

如果你能重視上述的幾個問題，那麼恭喜你，你已經避開我所犯過的錯誤了，再繼續往下思考，距離開一間成功的餐飲店也

就更近一步了。

開店前一定要知道的事：產品、定位、行銷

李安導演獲得電影獎項時曾經分享過，他從不跟一起工作的夥伴聊電影，而是希望可以跟他們聊藝術、音樂、人生。「因為，如果你不懂電影，你也不應該出現在這裡。」李安這麼說。

我很認同這句話，這就有點像我不常跟百憂解陽台的吧台聊調酒技巧，也不太跟予人咖啡的咖啡師聊咖啡技巧，因為這些都是他們在踏進這個行業時必要的專業，不然大家也不會站在吧台裡工作了。

人員的專業性是為了確保「產品」的品質，不管你要賣的東西是甜點、咖哩、牛肉麵，確保產品品質是開店者的當責，也就是說，這間店的產品好吃、有特色是應該的，不然，客人為什麼要買你的東西？提供好產品，是開店前要知道的第一個原則。

開店前要知道的第二個原則是，有了好產品，那麼你的產品要賣給誰？是上班族、學生，還是觀光客？各年齡層的區間又是在那裡？然後再去想想這些消費族群在意的東西是什麼？是份量、價格、空間氛圍，還是口味……這個消費族群平常都使用哪些社群軟體？關注哪些消息？然後，對於這些消費群族來說，你的產品是可以常常吃，還是只能偶爾吃？

這些都是開店之前要仔細思考的「定位」問題，需要花時間評估研究，對於後續的商品規劃跟商圈評估也都有連帶關係。

最後才是新店開幕後的「行銷」規劃。

但要特別強調的是，進行行銷宣傳之前，請務必把「產品」跟「素材」做好，兩者缺一不可。

好產品很容易理解，那什麼是素材呢？素材就是幫助不會說話的商品，變得更為生動、更為吸引人的元素。例如，高級法式餐點要有華麗的擺盤，義式料理的裝飾要有粗曠的味道，某些調酒要有特別的杯型和杯飾……這些元素都是在撰寫文案或拍攝影片上可以加分的素材，就像是彰顯一個人的內涵，可從他的穿著品味中感覺得出來。

如果沒有好產品和完整的素材，建議你先不要運作行銷宣傳這件事，因為行銷宣傳的本質在於，讓更多的消費者對你的商品產生好感，或是吃完、用完，能有好的回饋，再散播出去。

也就是說，如果行銷宣傳運作得當，會有更多的消費者看到或吃到你的產品，如果是不好的產品或素材，推廣出去之後得到的迴響，也很可能會是負面的。

餐飲店鋪類型：街邊店、店中店、統櫃

你知道了一間店的存活三要素：業績、人、合作關係，也知道可以開店之前要思考的產品、定位和行銷，接下來就是選擇要開的店鋪類型了。

以餐飲業來說，大馬路上有獨立門牌的店面就是「街邊店」，在百貨公司裡有自己門面、獨立座位區的稱之為「店中

店」，而在百貨公司美食街，有自己的出餐櫃檯，但後面是共用廚房、前面是共用座位區的稱為「統櫃」。

街邊店的租金依照商圈行情，地段行情有很大的差異，一坪幾千元到上萬元都有，人潮也依照地段，商圈而有不同的條件，所以開店成本都是依照業者自身能力而有不同的預算，從數十萬元到數百萬元都有可能。

百貨公司店中店的租金大部分是「保底抽成」模式，假設保底抽成的條件為租金14萬元、保底150萬元／月、抽15%，也就是說如果當月營收為150萬元以下，需支付百貨公司的租金為14萬元，若是月營收超過150萬元，超過150萬元的部分百貨公司抽15%。進駐前店家除了要自行負擔裝修店面的費用外，賣場還會收取額外的一次性裝修補助費（30至50萬元不等），以及每月固定的空調維護費、公共管理費、POS機租借、廣告行銷費等。

商業嗅覺較敏銳的人這時候會想，在開店費用表中，獲利不過是10%至27%（還未計算裝潢成本攤提），如果以百貨公司店中店來看，既要給賣場裝修補助費、每月各項費用，還要給賣場15%的抽成，那店家到底賺什麼？老實說，如果只是開一間百貨公司店中店不一定會賺，依各家百貨公司的地段、商圈等不同條件而異，但只要是在知名商圈的百貨公司，對於品牌曝光會有很大的幫助。

另外百貨公司還有所謂的「統櫃」，也就是共用廚房和座位區的美食街。開設成本不高，只需做好廚房跟出餐櫃檯，沒有其他的裝修、空調、招牌、客桌椅的問題，抽成比例大多固定為

20%至30%不等。因為來用餐的客群大多是以吃飽為主，同時段人潮也多，所以出餐速度和訂價是關鍵。

百貨公司不管是店中店或是統櫃，對於進駐的餐飲品牌都有一定的要求，不是有錢就能進得去。雖然在百貨公司裡設店對於打響品牌知名度來說是一條捷徑，但是進賣場做餐飲和街邊店的經營有很大的差距，尤其是在開辦成本、抽成比例和金流的部分，事前一定要詳細評估。例如百貨公司的金流都要先過賣場，意即營業額要繳回賣場，扣完所有費用後30天再出帳給店家，所以你手邊要準備的資金至少要能預備兩至三個月的營運需求。

街邊店面應該注意的6個關鍵問題

在百貨公司開店的好處在於，賣場已經為你做了商圈和人潮的事前評估，所以找店面不是問題，控制營運成本才是重點。但如果是經營街邊店，要注意的眉角就多了。我粗略列了六項：

一、地點

依照業種不同，要考慮的地點也不一樣。如果是餐飲店，就要考量人潮多寡，以及根據你定位的客群進行商圈評估。

如果是開酒吧，又是不一樣的思維了。因為大部分想開酒吧的人都有些許業界經驗或是已有長期經營的客人，而酒吧的客群屬性也大多屬於目標客群，大多數都是朋友相約後找喜歡的店去消費，所以人潮量的重要性就遠不如使用分區。

以大台北地區來說，很多商圈是住商混合，即便是在熱鬧商圈，也必須確認要承租的位置是否能設立商業使用。因為現行法規只要是住宅使用，包括飲酒店業、酒吧業，只要跟酒相關的業態都不能設立，就算開的是餐酒館（設立餐飲，實際上賣酒），如果遇到有心人檢舉，也會很麻煩。此外，雖然住宅區可以設立餐廳，但條件是臨路要8米，坪數要在150米平方（約45坪）以下，賣啤酒是可以的，因為啤酒在法規的定義裡是飲料，不然很多海產店都要關門了。

　　酒吧若是開在商業區就沒有以上的問題，最重要的在於如果被檢舉時站不站得住腳，畢竟開酒吧難免比較吵，夜間酒客有時也不好規勸，如果沒有合規而被檢舉，得以連續處罰，絕對會消磨掉開店的熱情，得不償失。至於近幾年開設酒吧有往二樓甚至地下室發展的趨勢，如果是在地下室，必須要確認是否有市府公函可做餐飲使用，否則如果該空間登記為機房，防空避難室等，將來如果被督察到也會是難解的問題。

　　另外，店面地點是否鄰近捷運也很重要。

　　有個統計顯示，現在年輕人選大學要看是否有捷運可到。更何況是開店，尤其是開酒吧，去除進出都有司機的有錢人不說，一般平民百姓去喝酒，有捷運可到，步行不遠的都會加分。

二、鄰居

　　一般開店，左右鄰居應該也都是店家，大部分都會禮尚往來，甚至互相互惠，幫忙收收貨，大多業者也不會住在店裡面，

所以左右鄰居不會是太大的問題。有問題的大多是樓上的鄰居，依照我過往的經驗，如果酒吧樓上有住人，又剛好是住宅區，那就會是個沒完沒了的問題，除非你能確保酒吧客人，大家都很守規矩，也很低調。

生意不好可以想辦法，但如果鄰居要找麻煩，一定會耗盡你的耐心。如果要開酒吧，建議最好是找商業區，或是樓上沒住人的，甚至於樓上是辦公室的，都可以避免掉很多不必要的麻煩。

另外，如果是在商業區的店鋪，大多有固定位置可掛招牌，但如果樓上是住家，而你又要掛招牌，則需要樓上鄰居的同意書，否則被檢舉的時候會吃虧的。

三、房東

沒有人希望開一間店是需要搬來搬去的，但很多時候，選擇權在房東而不在房客。比如說房東不願意打長約，或是處處為自己的利益著想，這樣對於投入大筆裝修費的房客來說就很危險。

房東不願意打長約，通常都是為了保留漲房租的彈性，或是可以把不喜歡的房客趕走。反之，站在承租方的立場，假如想要長久經營，想辦法打長約是必要的，如果裝修費用很高，合約至少要打個三到五年，不然攤提不回來。而裝修期，一般房東可接受範圍大多是在半個月到一個月間，至於是否公證牽扯到報稅問題，以及二代健保要算誰的成本，都是需要跟房東事前溝通的。

四、頂讓

　　要找到好的店面，承接頂讓是另一個可以考量的方式，畢竟位置好的店面，很多時候根本還沒看到門口貼租就已經換了房客，甚至原本的房客租約還沒到期，新房客的合約就已經簽好了。而且要頂讓的店面可能也會有額外驚喜（可使用的生財器具），但要注意的是，承接會有一筆頂讓費用，這筆頂讓金要納入開辦費用做攤提，同時你對於營業設備也要有一定的了解。

五、大電

　　所謂的大電，就是台電進入住宅前未經變壓器調降之電壓。進入住宅前，台電的電壓為380V，經過變壓器調整為110V及220V。簡單來說，這會影響到店鋪裡所有用電的負載，如果總負載不足，很容易會有跳電甚至電線走火的問題發生，如果你自己會判斷最好，不然最好請專業的水電技師或設計師協助。

　　不管是餐廳或酒吧，用電的營業設備大部分都是220V，一般住家用的電箱負載量絕對不夠，申請一次大電的費用少則5至10萬元，多的話十幾、二十萬元都有可能，所以如果你找的店面本來就有申請過大電，會讓你省去一筆預算。

六、屋況

　　店面屋況最令人困擾的是漏水問題，雖然房子是房東的，有漏水問題當然要請房東處理，但是站在承租方的立場，很多時候發現漏水時已經開店做生意了，為了不影響營業，最好是趕快

自己請有認識的廠商及早處理。如果沒有配合廠商，就還是得請房東處理了，建議在簽約前就要跟房東溝通漏水問題，可以請專業師傅來看看現場，這也可以先試探房東對於處理漏水問題的誠意。

另一個比較難解的問題是都更，雖然是比較少見的狀況，但也不得不注意，尤其是在台北市開店，很有可能因此虧錢。都更的房子一定是屋齡較久的，大多從外觀可看出一些端倪。

有人說開店會上癮，這我倒不否認，在密集開店的那十年間，的確是開上了癮。只要有時間，腦袋裡都在想開店的事，怎麼開？開在哪？要有什麼差異化？人員要如何配置？的確，我也創造出來了不少的商品跟品牌，但長期勞心勞力不僅把自己累壞了，也漸漸忘了當初自己出來開店的初衷——希望一起做店的朋友都能變好，能有多一些時間陪伴家人。

最後我得到的是，當初帶出來開店的朋友自己開店去了，還有因為初期資金投入不對等，最終結束品牌時的債務關係，這些曾經的「兄弟」如今形同陌路，當然，這些都不是我想要的。

跌撞十年的開店經歷，個中滋味如人飲水。記得，不管你選擇出來開店的原因是什麼，沒有人逼你做這個決定，也記得要常常告訴自己當初為什麼要開店，可以幫助你在低潮時堅持下去。

至於以個人理財來說，我認為開店這件事，並不適合當成是個人創造被動收入的「投資」項目，更適合當成是「自我實現」的一部分。

附錄一、Step by step開一間風格街邊店

一、預算怎麼抓？

以一間30至40坪左右的店鋪為例，做出一間具風格的街邊店餐廳，約略的開辦預算包括：

項目	預算　　單位：萬元
裝修	150~200
設備	30
生財器具	30
進貨	15
品牌設計/商標/menu	15
預備資金	20~30
總計	250~300

註：租店押金不列在開辦費用內，因為押金是拿得回來的

二、開餐廳前要具備的風險意識

不管你是在公司上班久了、厭煩了，還是對於食物製作有很大的熱情，或是夢想能有自己的一間店，在準備開始之前，請你一定要先培養自己的風險意識，因為過去十年裡我看過太多收掉

的店，包括我自己的。為了避免讓你走了一回，終究是一場空，請先接受要開一間自己的餐廳，必然會發生以下的四件事：

1. 工作時間長

餐飲業沒有假日，沒有基本工時，還有很多職場傷害，如果你是主理人，基本上最好從內場到外場，什麼都要會。

2. 不可控的外在因素

接受商品在市場上被接受的程度，可能因為颱風、太熱、太冷、病毒、酸民、惡房東或鄰居……所影響。

3. 資金壓力大

除了開店的開辦預算以外，每月還有要支出的基本開銷，例如房租、水電、薪資、食材、保險……也就是說店一開門，這些費用就要支付了，如果沒有收入，或是收入不夠，就是虧損。

4. 人事繁雜

如果你的餐廳有廚師、咖啡師或調酒師，這些負責出產品的專業人員如果不做了，你也不會做，那就是一個死胡同了。更不要說員工的管理，有主導權跟選擇權很重要。

三、開街邊店餐廳的具體步驟

看完了上述成本和風險，如果你還是對餐飲業有憧憬，以下分享我自己開餐廳（街邊店）的心得和步驟：

1. 商品研發

我建議新手不用急著要開實體店面，因為實體門市一開始，每一天就要開始面臨各種支出，不管是房租，水電，人事開銷，當然也會面臨到更多不可控的外在因素：颱風、下雨、疫情……這些都會影響到店面的生意。

所以一開始，我建議你把想要做的餐點，認真研究它的製作的流程、口味、裝飾，讓多一些人試吃、回饋並改進。第一個階段的重點在於——把商品做好。

2. 推廣及調整

保有你正職的工作，從兼職的個人工作室開始，利用空閒時間，試著把你心目中的美味產品推廣出去，可以從周遭親友開始，畢竟你是賣食物，不是賣保險，把好吃的東西跟親友分享不是件壞事，不管是用送的，或是用賣的。

然後取得回饋，調整商品。記得，每個人喜歡的口味本來就不盡相同，有些可調整，但要有自己的堅持，同時試著找出你商品的主要銷售對象（TA），男生、女生、年齡層、什麼時候會吃……定位因素。

接著調整商品的庫存方式，包裝盡量簡單，然後取一個自己喜歡的品牌名稱。這個階段的重點是在於收集更多的資訊，把商品再調整，讓賣相、庫存、運送都可以運作起來。

3. 定位及定價

參考同質性的商品售價的區間，並且把類似的商品做市場分析，再次定位你的商品，找出差異化。

4. 對外銷售

然後嘗試經營社群平台，不管是用FB或IG、line群、社團，一方面多介紹些你的產品，一方面想辦法對外產生銷售，對外銷售量才是你運作這個事業成敗的關鍵。

至於行銷，則是另一個很深奧的學問，很多開店的人總覺得東西好吃就會有客人上門，結果事與願違，因為沒有行銷，再好吃的商品也是不傳之祕而已，沒人知道你的廬山真面目，生意怎麼做得起來呢？

以上四步驟，是不是還沒做，你就已經覺得很麻煩了？如果是的話，對於開店這件事，或許你就別想太多了，畢竟誰都不想開店只是開一陣子就收掉的，而上述幾點，不管是開店前後都是避免不了的工作。

克服以上四步驟的種種困難後，如果你還是想要開一家屬於自己的餐廳，就必須考量正式對外銷售的商業模式了。

5. 擴張與正式創業

　　當你的對外銷售慢慢步入正軌，或許還不是開店的好時機，可以的話，建議先選擇設立公司登記、優化網路平台、購物車功能、官方網站、自動發票系統，讓你的商品品牌化。

　　如果需要製作空間的話，可以成立工作室，增加製作和倉儲設備，然後調整你的正職工作重心，往創業的這一邊多一些。開一間實體店的開辦預算，一定可以讓你把製作和倉儲做得很好、很完整，而且以現在台灣物流便利的程度，如果你的商品可以對外銷售，爲什麼要選擇只在一個區域賣？況且網路銷售對你的商品跟品牌，只有好處沒有壞處。

　　很多年輕人在進入餐飲業前，都會考慮自己是要擺攤、做餐車，還是開店？因爲開店的成功機率只有10%，所以我覺得還要再加一個選項：完整的網路銷售計畫。

　　一個完整的網路銷售計畫，可以幫助你克服餐飲業最麻煩的「人」的因素，也會大大提升你日後開店的成功率。

附錄二、Step by step開一間潮流調酒吧

一、預算怎麼抓？

　　雖然近幾年新開的調酒吧數量不少，但比起餐廳還是少數，主要原因在於酒吧經營者不僅需要熟知各類酒品知識、營造店鋪風格、養成吧檯人員，對於自己鎖定的客群和經營模式也都需要很深刻的觀察，這些專業技能的難度比起餐廳有過之而無不及。最重要的是，酒吧對於人們在社交，舒壓的重要性，就如同Bartender的意涵一樣，需要更多的「溫柔」和「細心」。

　　以一間30至40坪左右的店鋪來看，要做出一間具風格的酒吧，粗略的開辦預算：

項目	預算　單位：萬元
裝修	150~250
設備	30~40
生財器具	20
進貨	15~30
品牌設計／商標／menu	15~20
預備資金	20~30
總計	200-350

二、產品怎麼定位？

以酒吧來說，營業項目的主角有三大類：調酒、威士忌和啤酒。所以一間酒吧可能是以調酒為主，威士忌和啤酒為輔，或是以啤酒為主，調酒或威士忌為輔，也可能以威士忌為主，啤酒或調酒為輔，當然也有三大類都是主角的營業類型。

以「調酒為主」的酒吧，最重要的就是吧台的調酒能力和溝通能力。就跟很多無菜單料理的餐廳一樣，吧台就代表了調酒吧的命脈，不管是經典調酒或是創意類型的調酒，都不能拿一堆色素糖漿、劣質基酒、粗糙的手法和杯飾來誆騙消費者。

第二種是我經營過近5年的「精釀啤酒店」，以飲用者比例來說，精釀啤酒在整體啤酒市場佔有率僅2%，在這少得可憐的市場裡存在很多競爭品項，精釀啤酒業者為了生存，只能無所不用其極的鋪通路銷貨，這就像是可口可樂在便利商店販售，也在飯店裡販售一樣。相同商品但通路不同，即使不同通路的售價有所區隔，但對於精釀啤酒店家來說難免是個困擾。此外，精釀客群大多喜歡不斷嘗鮮，我自己也遇過每個禮拜來都問有沒有新品項的客人，再加上台灣人不像老外把啤酒當水喝，很多台灣人喝精釀啤酒都是一杯到底，所以獲利狀況並不如外界想像。

第三種是以「威士忌為主」，威士忌店看起來裝修中庸，但是整間店的價值卻是高得驚人，因為一瓶威士忌的價格可以從幾百元到幾萬元都有，所以這類專業的威士忌雪茄館數量並不多。

會開設這種店型的業者，自己大多也是威士忌狂熱者，吸引

的客群都是同好但相對少眾，因爲好喝的調酒需要專業的調酒師來製作，但好喝的威士忌在哪裡喝都一樣，而品飲者大多也會自己收藏，也較少到外面的店家消費。

當然，也有對於調酒、精釀啤酒和威士忌都很專精的酒吧，如果這三大類酒品的專業、設備和工具都有，工作人員的專業度夠高，就能滿足不同客群的需求，獲利的狀況也是最好的。

以下是各種營業類型的主要客群和獲利比較：

產品	主要客群	開辦預算	獲利比較	代表店家
調酒爲主	18~40歲	中	中	Prozac Balcony3.0
精釀啤酒爲主	喜歡喝精釀	中	中	臺虎精釀
威士忌爲主	30歲以上	高	低	小後苑
三種都是主角	酒客	最高	最高	Prozac Balcony1.0

一間酒吧的產品品項，除了酒就是「食物」了。吃吃喝喝，就是有喝也有吃，所以食物是一間酒吧必要的產品項目，至於食物類型要以主食爲主，還是小點爲主，就看每個業者的想法了。

三、比一間漂亮的酒吧更重要的事

很多人以爲開酒吧穩賺，只要選好產品品項就好，畢竟酒就是成品（如精釀啤酒）或半成品（如調酒），但我要告訴你一個殘酷的事實，百憂解陽台從2012開始開業到現在，同時期開業的

酒吧，至今已有九成以上都結束營業了！

　　這其中一定有比酒、食物和裝潢更重要的事。

　　譬如說「氛圍」。風格是經營酒吧最關鍵的事情之一，要讓來過的客人印象深刻，跟朋友介紹時可以清楚說明這間酒吧的特色，然而風格靠的不一定是裝修，更多是代表這間酒吧精神的裝飾品和音樂，例如Prozac Balcony百憂解陽台是屬於英式風格，店裡放了超多老闆收藏的CD，還有親手繪製的經典搖滾樂手素描，不定期也有歌手駐唱……這些都是不用花大錢裝修，但要花時間和心力營造的氛圍元素。

　　要特別注意的是，你可以賣自己喜歡，覺得好的東西，但更重要的是有沒有辦法把跟你一樣喜歡這些東西的客人帶進店裡，否則就要清楚的認知到，客人要的才是讓你經營下去的好東西。例如你自己很喜歡精釀啤酒，所以開了一間種類很多的精釀啤酒店，但是來的客人總是跟你要點調酒喝，你該堅持店裡只賣精釀啤酒嗎？又或者，你的店鋪以調酒為主，但你自己放了很多你喜歡的特殊口味威士忌，然後一直想推薦給客人喝……這些都是我自己曾經遭遇的情況，後來才學到「市場」永遠是最好的老師。

四、經營酒吧的5個衷心建議

　　很多人對於經營酒吧有誤解，以為市場還像二十年前一樣，只要陪客人玩、陪客人喝酒，就可以受客人喜愛，但是市場的發展已經不同了，現在吧台已經不流行跟客人喝酒，來取得客人的

信任了，從業人員「專業」的酒類知識和服務才是客人要的。

　　客人可以認為紅酒喝起來都一樣，調酒就是把材料放進去攪一攪就好，啤酒就是喝了會脹……但身為專業從業人員的你必須具備相關的知識，並且保持「求知慾」不斷學習新知，但也不用跟客人講得頭頭是道，點到為止就好，畢竟大多數客人是來聊聊天的，不是來上課的。

　　另外，經營酒吧難免會遇到喝多的客人、不講理的客人、貪小便宜的客人、不合理的負評、不受教的員工……在工作環境裡一定都有，如果你沒碰到，只是時候未到。遇到時有情緒在所難免，但要有自我調適的「情商」，懂得Let it go，千萬不要拿別人的過錯來逞罰自己。

　　最後一項是「健康」，這是老生常談了，酒吧業有它迷人的地方，但誘因也不少，也容易養成不好的習慣，覺得自己還年輕、還想玩，這當然可以，但適可而止就好。不管如何，沒有什麼是比健康更重要的了。店做失敗了，可以重來，工作不做了，可以再找，但你的命只有一條，失去了沒辦法重來。

| CH11 |
創造個人被動收入
——投資者的心理素質

你想退休嗎？如果答案是「是」的話，那對你來說，退休又是代表什麼？

　　記得有一段時間，我不斷地在思考這個問題，到底什麼才叫做退休？問了很多人的答案，普遍的答案大多是，不用朝九晚五工作，可以做自己想做的事，不愁吃穿，這是我問過很多人總結下來比較相近的結論。

　　那麼，怎麼樣的狀況才是可以做自己想做的事？還有，你自己想做的事情是什麼？或許你認為現在想「退休」這個事情還太早，因為還沒有到普遍認為應該退休的年紀，小孩也還沒大到一切都可以自己來，所以覺得自己責任未了⋯⋯可是如果真的到了60歲，也真的退休了，就完全沒事做了嗎？當然不是，到了那個時候，做自己想做的事不就是變得更重要了嗎？畢竟人生最終還是要給自己一個交代，況且能不能活到一般認為的退休歲數也是個問題。所以，是不是要好好思考這件事？不管你現在是幾歲。

　　當我準備進入不惑之年時，也時常想著，40歲的人生真的是不惑了嗎？怎麼可能，人生疑惑的事可還多著呢！然而，用另一個角度去理解可能就會釋懷許多，因為很多事物的既有定義，跟我們原本的認知其實早就不一樣了，例如「財務自由」這件事。

　　我認為財務自由並不是一個摸不到的數字，也不是不用工作，而是「不用一定要工作」，你可以依照自己的想法決定要不要工作，隨著自己的想法實現人生。

　　60歲一樣可以自律健身，擁有傲人的身材，70歲也一樣可以重新學習另一個專業。當然，40歲要退休也沒什麼奇怪的，只不

過財務的自由性影響著上述這一切，也支持著你能不能瀟灑地過著你的人生。所以，清楚地跟自己對話，提早思考自己想要的是什麼，或是有什麼夢想，勇敢去想、具體實踐，提早開始做自己想做的事，這些都是對自己的人生有意義的。

如果你已經退休了，或是已經達到了財務自由，恭喜你的人生解鎖完成，可以朝向更宏觀的目標前進，追求心理面更高層次的意義。如果還沒有也沒關係，希望我接下來分享的東西，能給你一些啟發。

雪球的核心：本金、時間、報酬率

投資之前，要先有錢，就是有資金，這也是所謂的雪球核心，雪球有核心，才有機會滾大。

如果還沒有，請你先專注在取得第一桶金，也就是從儲蓄開始。在這個階段請先投資自己，不管是專業或是興趣，養成專業技能才能讓你有價值、有餘韻。而且投資的重點在於，運用自身多餘的閒置資金，而不是借來的資金。

儲蓄，也就是投入投資的本金，對於後續的投資效益有著關鍵的重要性。試想，如果你投入的本金是10萬元，過了5年之後，以複利概念運作的投報率有50%，加上本金和就是15萬，看起來的投報率還不錯，實際上你只有賺到5萬元。如果你的投資金是100萬元，一樣的時間，一樣的投報率，賺的錢就是50萬元，所以投入的本金越高，在相同的時間與報酬率的前提之下將

能得到越多的獲利。

在累積第一桶金的過程中，謹記

收入－儲蓄＝支出

這個原則可以讓你固定儲蓄的金額，尤其現在的記帳APP很多，基本的功能也都不會太差，建議你選擇一種記帳方式，具體執行、養成習慣，對於累積第一桶金絕對有正向的幫助。

雪球的核心除了「本金」以外，還包括要「時間」和「利率」，利率也就是投報率，如果有看過巴菲特的雪球理論，就會知道為什麼複利的力量會比原子彈來得大了。我們以各種投資商品的報酬率來比較：

△銀行定存：報酬率1-1.5%，風險最低，利息也最低。
△被動存股：報酬率3-5%，選擇有配發股息的股票，原則
　　上以權值股為優先，風險較低，投報率中下。或是也可以
　　投資ETF，不過以0050來說，台積電的權值就佔了40%，
　　還不如直接買台積電，而0056雖然稱為高股息，不過裡面
　　很多是景氣循環股，並沒有考量到各股未來的成長，而且
　　也並不是每年都會配息。
△存股＋波段操作：報酬率8-10%，選擇固定會發放股息的
　　大型權值股，以EPS、營收穩定為優先，波段買進，有價
　　差就局部賣出。風險屬低，投報率中。

△不動產：報酬率3-30%，需要有專業的相關知識與市場敏銳度才有高獲利的可能，資金運作的難度也相對高。

△開店：報酬率20-50%，一家店如果做得好，可能二至三年回本，做不好也可能隨時倒閉，這項的投資項目可說是風險高，投報率也可能高。

雖然以上是以投報率來區分，但別忘了投資一定有風險，這句話是老生常談，但如果你連一點點風險都不願意承擔，當然也就不需要考慮投資這件事了。不過，話說回來，走在路上都有可能出意外，不是嗎？風險意識是投資之前一定要建立的認知，因為沒有一項投資商品是完全沒有風險的。

投資前先建立的6個關鍵觀念

投資之前，我認為有幾個非常重要的觀念必須先建立：

一、保有正職工作

正職工作是你的固定收入來源，而除了開店必須花費大量的時間之外，大部分的投資項目需要用到的是分析跟觀察的能力，所以建議保有固定工作的收入來源，再以投資慢慢創造被動收入，兩者之間取得平衡後，再慢慢調整比重。當然，如果被動收入增加到減少主動收入也沒關係的時候，就是最好的狀況了。

二、有多少錢做多少事

認清自己的條件，選擇正確的投資商品，比較不會讓自己的財務落入過度膨脹的狀況。合理的負債是必須的，但更要知道如何管理你的貸款。

首先，有收入的時候記得要做好薪轉的收入證明，跟銀行打好關係，試試看能從銀行貸多少錢出來運用。認清一個事實，你沒錢的時候，銀行是不可能會借你錢的，而能夠從銀行搬錢出來的，都是有實力的人。你或許也聽過，大多數有錢人買房子或投資都是從銀行貸款出來的，鮮少用到自己的本金，可以這麼做的前提就是——你必須要有錢，並且做好風險管理。

為什麼有錢人會越來越有錢？因為一般人把錢放存在銀行領到約1%的利息，而銀行收了大部人的存款後，再放款給買房子的人跟做生意的人賺利息，做生意的人跟銀行借錢之後去投資，賺了錢就越來越有錢，而投資賠錢的人可能會賣房子來還債，甚至房子可能會被銀行法拍……形成金融市場的流動循環。

或許你會狐疑，借錢投資（融資）是最不被建議的方式，那為什麼還有一堆人在做這樣的事呢？因為這是屬於進階的投資心法，必須要各方成熟，才有可能不受傷。那麼用自己的錢投資，跟用借來的錢投資，有什麼不一樣？簡單來說，投資本來就承擔著一定的風險，用自己的錢投資，最差的狀況就是錢沒了，若是用借來的錢投資，如果投資失利，除了投資的商品失去價值之外，自己也會進入完全負債的狀況，所以更要謹慎。

提供一個簡單的比例試算：

負債比例不超過總資產的50%

每月還貸金額不超過收入的30%

這樣才能有合理的負債比例，也有合理的生活品質。

三、弄清楚各項投資商品的風險性

股票、不動產、開店（做生意），這三項是一般人最容易動用融資來投資的商品，這些投資商品背後的風險有哪些？

以「股票」來說，如果選錯投資標的，可能會跌到你想像不到的價格，比方說波動較大的電子股、景氣循環股、題材類股。散戶最常犯的錯誤之一是，聽到利多消息就進場，後來發現進場價格偏高，但心裡不甘願而遲遲不出場，最後股價下跌，也只能當韭菜任人收割。

以投資「不動產」來說，只要不是選擇太糟糕的標的，市場修正時至少還會殘留房屋價值，甚至於還可以出租取得收益，最差的狀況是還不出房貸而被拍賣，但最起碼還有法拍市場可以變現，不至於讓資金在短時間內瞬間歸零。

至於投資「開店」做生意，如果生意不好，可能會把你投入的資金用完，也無法把店面頂讓出去，最終這間店變得毫無價值可言，無論你當初花了多少錢裝修，買了多頂級的生財器具，二手商來只會用一到二折把設備估回去，裝修則是完全無法變現。

所以，以融資運作投資不是完全不行，但真的要審慎評估，訓練自己做出正確的選擇，依據選擇的投資商品品項，設定合理

的操作槓桿，才能富貴險中求。

四、錢不要放在銀行

還記得20年前在市場裡吃的陽春麵是多少錢一碗嗎？你不記得也沒有關係，反正現在大概就是比20年前貴了一倍左右，也就是物價膨脹了將近100%，平均起來一年增加近5%。這是一般民眾的感受，至於根據主計處的統計，台灣每一年會產生的物價通貨膨脹率大約是2至3%，也就是說，你現在有200元，一兩年後只會剩下194元的價值。

換個方式說，現在200元可以買到的東西，一兩年後是沒有辦法用同樣價格買到同樣東西的，所以才會有人說，把錢放在銀行裡會越放越薄。這時候，把錢放在保值且安全的投資商品就十分重要了，比如固定配息的股票，或是有租金收益的不動產。投資的目的之一除了可以抗通膨，甚至有增值的可能性，這樣我們辛苦賺來的錢，才不會平白無故地越來越少。

另外，合理的負債也是具有對抗通膨的效果喔，舉例來說，依照物價通膨的比例，假如你跟銀行貸款500萬元，依照現行的利率（1.5%~2.5%）與通膨比率來（2%）來計算，在不付本金只付利息的情況下，10年後你會付出約70萬~125萬元原本的利息，加上500萬元的負債，不過10年後因物價通膨，500萬元負債的價值會變成大約是400萬元的價值。

五、保持資金的安全性

簡單的來說，就是投資出去的錢不能不見！

每個人都要十分重視這個觀念，不管投資多少錢都要很重視，絕對不能因為錢少就認為沒差，而不去研究如何理財，因為如果不去研究它，最後你會發現不如什麼都不做還比較好。

理財，最終是在有價物質跟金錢的反覆交替。有價物質指的是股票，不動產，開店等投資商品，我們把主動收入、儲蓄出來的本金（雪球），依照個人適合的狀態轉換成這些有價物質，等有價物質變得更值錢之後，再轉換回金錢，既豐厚了雪球，也可抵抗通貨膨脹。這樣反覆的運作，最終再適度轉換為被動收入，人生的選擇權將能增加，進而得到真自由。

六、增加收入／減少支出

這是邁向財務自由之路的不二法則，而且這兩件事情的重要性是相當的，當收入往提升的方向進行，而支出往降低的方向，產生交叉的時候，也就是財務平衡的開始。

如果支出或需求少一些，相對地你的負擔也會少一些。但也可能你在支出上無法降低，例如有小孩、有車、有房、有長輩要養，或是正處於消費力旺盛的花樣年華，需要有不斷的交際，也想擁有最新的3C用品、有品牌的衣物、好車、有等級的餐飲享受等等，那當然就要想辦法增加收入。

有一個經濟上的統計是這樣說的，一個人最開心的狀態，約略是在年收入150至200萬元，超過200萬元以上，賺錢的成就感

就會降低，因為對於高所得的人來說，賺錢跟賠錢只是數字上的變化而已，在生活上不會有什麼實質上的感覺。

雖然這個說法還要對比上自身的支出需求，但可以確定的是，大家都想要追求的那種幸福感，是一種漸漸往上的感覺，不管是收入或是成就。

也就是說感受幸福的決定因素在於，和你現在的生活相比，你的生活移動方向是往斜坡上移動還是往斜坡下移動，本來就有錢的人就像是已經在斜坡上面，要再往上已經不容易，不小心還會摔下來，而位於斜坡中間或下面的人則不需擔心往下跌，只要一些努力就可以往上，反而有比較多的機會感到幸福。

比如說，一個靠著自己白手起家，努力一步步提升自己的資產與成就的人，他知道自己是怎麼苦過來的，也會在提升的過程中不斷地取得幸福感。而另一個是生來就繼承大筆資金或事業的富二代，光是要能維持盛況就已經很不容易了，更何況是提升？除非自己有很健全的心態，不然往下坡走的機率，一定是比往上的機率來得高上許多。

所以真正的自由是建構在財務自由，時間自由以及關係自由的前提之上，財務自由跟時間自由的意涵比較淺顯易懂，前面也有做過說明，而關係自由指的是你自己可以完全決定你想見誰，不想見誰。

倘若你的收入很不錯，但是需要投入你幾乎所有的時間去工作，也免不了繁瑣的會議與應酬，錢是有了，看似人人稱羨的高所得份子，但時間和關係並不自由，距離真正的自由其實還有些

距離，這也是為什麼創造被動收入是如此的重要。

如何選擇適合你的投資商品

在正式分享野男人的投資心法之前，我要強調所有的投資商品都有它的運作規則，如果不懂遊戲規則，等於是把自己的資金交給運氣，也自然在投資過程中失去了贏面。

我們常聽到長輩叮嚀，不懂的商品不要碰。那如果都不懂該怎麼辦？難道我們要跟著別人的想法，聽明牌，盲目的選擇嗎？我認為如果不懂，就真的不要投資，如果要投資，就要想辦法弄懂你要投資的東西，這樣才是對你辛苦賺來的錢負責，每一個人都應該要在乎你投資出去的每一塊錢，是不是被合理的運用。

如果還不知道怎麼選擇，也可以用刪去法。

比如說，可以投資的商品有股票、期貨、基金、外幣、債券、黃金、儲蓄險、投資型保單、不動產、開店……這麼多的投資商品，我自己的篩選原則是：

◆儲蓄險／投資型保單：這一類的商品從來不在我的考慮範圍內，因為保險只需要醫療險跟重大疾病險就好。

◆黃金：我知道它對國家很重要，但對個人來說，我無法透過數字判斷或計算它的價值與投資報酬率。

◆債券：有試著研究過，我的慧根不夠，無法理解。

◆外幣：對我自己來說，買外幣是出國玩才會發生的事，當然我也不會知道，美金跌完了會不會再漲，日幣到底見底

了沒，自己國家的經濟有時候都搞不太懂了，何況是他國。

◆期貨：等於賭博，所以想都沒想。

◆基金：有分為定期定額跟單筆投資，我運作基金超過5年，大部分是定期定額，那時候只知道不管價格，定期定額扣款就對了，再搭配單筆逢低買進才是王道，直到經歷雷曼兄弟事件，才知道自己的心臟強度不夠，停止了扣款，認賠贖回的部分資金最多報酬率到-80%，有這樣的慘痛經驗還敢加碼嗎？

「別人恐懼我貪婪」，但在那個當下真的很難，嚇都嚇死了怎麼可能加碼？直到又過了約莫5年左右，發現沒有贖回來的基金報酬率部分變成＋的了，當然負報酬的也不少，不過這的確驗證了「時間」對投資這件事的重要性。經過這樣的經歷，我認為基金投資的不明確性其實也太高，投資的分散度也太大，實在也很難讓人用比較合理的方式去分析，所以對我來說，基金也不是適合的投資產品。

◆開店：這應該是我最熟悉的投資項目，但歷經過去10年的開店經驗，我認為如果要往投資開店這條路走，就要做好全身參與的事前準備，否則成功的機率是微乎其微。

以我過去開店的10年經歷裡，其實也是失敗的占比較高，也是因為這樣，我對於投資的方向變得更加的明確，就是選擇投資商品，最好要屏除掉「人」的因素。

◆不動產：不動產這項投資商品對每個人的定義都不太一樣，大多數的人應該認為房子是拿來住的，部分的人會在這當中加上一些投資的想法，進而以置產的角度視之，不過也有少數的投機者想要短線炒作。不過我知道大部分有錢人都跟投資不動產有一定的關係，不動產的「保值性」和「抗通膨」的特性也是眾所皆知的，雖然近幾年有些過熱的狀況，不過以長時間來看，它當然還是個選項。

◆股票：其實就是一種零和遊戲，因為你在股票市場交易賺到的錢，就是其他投資人賠的錢，反之亦然，你賠的錢，就是其他投資人賺的錢。股票這項投資商品，你可以投資的很賭博性，也可以很分析性，因為所有的資料都看得到。

股票投資細分又有多種運作方式，包括技術操作、價值型、存股型、當沖、融資借券、放空……我自己是以**「價值型」**投資為主，價差為輔，而且找尋投資標的以有配現金股利為主，要特別注意的是，當股價回到配息前的價格才是真正賺到的。

CH12
野男人股票投資術

運作了幾個不動產投資案之後，我從2019年開始密切觀察不動產的投資風險，從政策面的交易稅額（房地合一稅2.0）、持有成本（2房以上限縮貸款金額），對應到當前的房價基期（賣方市場），判斷情勢對於不動產短期投資實在是不太友善，因為根據現行法規，5年內的交易獲利都要繳交大筆稅額，的確會讓大部分投資客望之卻步。

但我認為不動產屬於剛性需求，最終還是會回歸到自住需求或是長期收益，所以好的地段、長期持有，對於有足夠資金的投資人來說，不動產仍然是具抗通膨特性的好商品。

所以我把手邊的不動產做了盤點，把繼續持有的都歸類到長期收益，也就是預計要持有5年以上的，在這其間加強理解股票市場的運作方式，檢討過去投資的方式，重新整理出一套屬於自己的股票投資心法，並從2019年左右開始重新運作，在這三到四年間有著不錯的報酬表現，並且不需要花費太多的時間，只要好好掌握幾個原則與心法，投資股票的確也能輕鬆地增加資產。

當然，這套股票投資心法也成為我可以放心抗癌的強力後盾。寫這本書，分享這套投資心法，就是希望可以幫助到任何一位和我一樣，年紀40+、有一家老小要養的人，能夠無後顧之憂的創造個人被動收入，就是我回報上天眷顧，讓我回復健康的方式之一了。

爲什麼要投資股票？

在上一篇裡，我用很簡單的刪去法，把不容易了解的、不好計算的，甚至是不知道原因的金融商品去除掉，剩下的就是要細部探討的部分了。簡單來說，我以投資股票做爲創造個人被動收入的主要工具原因如下：

★投資門檻低
★變現速度快
★市場經驗取得較爲容易

股票是一種有價證卷，當一間公司透過公開上市（IPO）後，就能夠合法的讓投資人購買該公司發行的股票，也就是變成股東，互相承擔風險，共享利潤。

只不過因爲股票可以自由買賣，當然難免也就會有人爲操作、炒作的行爲在整個交易過程裡，再加上股票的交易本身就是種零和遊戲，一方的賺或賠，就是另一方的賺跟賠，不得不謹慎。到現在爲止，我還是推崇每年固定發股利給股東的股票，要特別強調，不是配股票喔，是配現金，因爲現金才是眞的。

你該知道的股票術語

除了注重現金股利之外，在你開始投資股票前，也需要知道

股票的術語。老實說，股票的專業術語實在太多，這邊整理出幾個在實務上較常運用的到的，可以幫助你做一些基礎的判斷。

　　EPS：每股盈餘，意指在公開市場裡每股帶給投資者的收益，白話一點說，就是每一股賺多少錢，等於盈餘在外的流通股數，每股盈餘高者，也就代表公司的獲利能力高。

　　本益比（P/E）：12為參考標準，意指投資一股所得到的獲利，較低的本益比代表著潛在的報酬較高。

　　股價淨值比（PB）：合理的估價淨值是在1至2之間，如果低於1，就是低於淨值，也就是股價低於公司的價值，這是用來判讀可否買進的指標之一。

　　殖利率（Eps/股價）：用來判斷投資報酬率的參考，用單一股票來判斷的話，4%至10%都有可能，因為分母是股價，當分子固定之後，分母的高低就影響著殖利率的高低。

　　配息率：這是我認為最重要的指標，但比較少的投資課程會提到。意思是，如果你買的股票EPS很高、很賺錢，不過配給股東的股利很低，就是配息率很低。

　　那麼配息率多少是合理？野男人覺得，40％至50％都算ok，這等於是公司會發放獲利的一半給股東，這樣就算很不錯了，況且公司也需要保有一定的盈餘，運作對未來營收更有幫助的投資。高配息率也代表當除權息完了之後，填權息的速度跟機率也會相對高一些。

你該知道的股票操作類型

了解股票的術語後，還需要知道股票的操作類型，才能判斷進出場的時機點。股票的操作類型包括：

技術面：就是技術分析，也就是看著像是心電圖的圖表來做一些分析，主要看箱型區間、黃金交叉、死亡交叉、KD線、MACD、RSI、DMI、VOL……另外還有波段的「底底高」法則，糾結的線性最後會噴發……是不是看著看著就頭痛了？

說真的，我花了好幾年的時間從技術面去做過操作跟分析，但實在是太花時間了，而且很刺激。結論是，對技術面有基本概念就好，知道每一項指標代表的意義就行，但不需要把它當成運作股票的準則。

基本面：就是判斷公司的體質、題材等等，比如說鴻海是蘋果供應鏈的最大代工廠，當蘋果準備發表新機時，通常供應鏈的股價基本面就會看好，相對地也比較容易反應在股價上，這就是題材面。

用另一個角度來分析基本面可能會相對健康，就是用公司的資本額、營收、獲利、股價是否便宜，來判斷買進與賣出的時間點，可能是相對恰當的。

不過，只要知道技術面和基本面，就可以了解股票市場的運作嗎？可以說是一半正確吧，在股票市場中其他不可控的因素跟

風險永遠是最難評估的。另外，還有外資跟法人的買賣遊戲，這更是散戶永遠不會理解的遊戲規則。或許你會問，那這樣要怎麼判斷可不可以買進這檔股票？當然還是看它配多少現金給股東。

再說一次，就我個人認為，配息率是是否買進一檔股票最重要的參考指標。

另外，常見的股票操作類性還包括：

波段型操作：又稱為箱型區間，意指判斷KD線是否為交叉訊號，以相對頂、底點判斷進出時間。

價差型操作：低買高賣，這也是老生常談，大部分這樣運作的都是以當沖為玩法，就是當天買賣，低就買，高就賣，基本上這是高高手的遊戲玩法，大部分的人玩當沖都是被收割韭菜的那一方。

價值型操作：指的是以公司體質（基本面）作為選股依據，在以幾個重要的指標（EPS／本益比／殖利率／淨值比）等作為進出場的判斷。

除權息：這是做為價值型的投資人一定要知道的東西，簡單來說，當我們買進一間公司的股票成為該公司的股東之後，該公司將前一年所賺的盈餘按比例分給股東。所謂除權是指分配股票，除息是分配現金。

假如中信金去年EPS2元，今年宣布發放現金股利1元，股票股利1元。現金股利1元表示，每一股配發1元，而一張股票代表1000股，也就是股東可以收到1000元的現金股利，而股票股利1

元表示100股，也就是0.1張股票。因此如果股東參加除權息，則可以得到1000元的現金跟100股的中信金股票。

填息：意指除息之後股價回到除息前的價格，這也就表示你投資的公司配給你現金1元，而股價回到除息前的價格，你就賺到了現金股利1元。

貼息：意指除息之後股價沒有回到除息前的價格，等於是你投資的公司如果配給你現金1元，這1元等於是你自己給自己的，然後從股價扣除。

所以不見得配息很高的公司就是好，因為有可能填不了息，還是要從多方面的資訊去判斷。

買賣股票的固定費用		
手續費0.1425%	交易稅0.3%	領取股利時的二代健保費用
買或賣都會由證卷商收取手續費，如果單月交易金額夠高的話，折數最多可談到3到5折。那怎樣才叫做交易金額高？差不多一個月進出數千萬到上億元，但是真的扣下來，其實只差了一兩千元。 而且，頻繁往來的交易手續費會占本金不小的比重，我推崇的投資方式不需要頻繁交易，所以也就不用在意這個固定的成本了。 賣股票時會產生的交易稅，為交易金額的0.3%，因為是政府稅費，沒有折扣可談。		只要領到的股息超過2萬元，不管是現金股利或是股票股利，都需要繳納實發股利X 2.11%做為補充保費，這筆費用會從你領取的股利裡直接扣除，不用另外繳費。

3個在股票投資裡的關鍵字

本金

當然是越多越好，不過萬丈高樓平地起，只要有透過合理的方式慢慢增加都是好事。

時間

10年培訓可以讓一個選手參加奧運，成為世界第一，但有一個前提，就是要盡早開始、正確練習。投資的時間也是一樣的道理，趁早開始，當時間變長的時候，就會發現伴隨著本金與複利效應，將會帶給你甜美的果實，而且過程也不會讓你太過緊張與擔心。

複利

巴菲特說過，複利的威力比原子彈還要大，這雖然是一個誇張的形容詞，不過也表示「複利」對於投資來說，是一個十分重要的因素。

如果以整年度的投資報酬率來計算（年化投報率），投報率高或低，也相對代表了這項投資商品風險的高或低。

投資商品	投報率	風險	變現率
定存	1~1.5%	低	高
股票	5%	中	高

不動產	3~30%	中/高	中/低
開店/創業	5~50%	中/高	中/低

但如果以複利（等比級數）計算，投報率就會高得多了。

1.時間(年)		1	2	3	4	5	
2.本金	單利	利息	利息	利息	利息	利息	投報率5年
100000	1%	1000	1000	1000	1000	1000	5.0%
100000	5%	5000	5000	5000	5000	5000	25.0%
100000	10%	10000	10000	10000	10000	10000	50.0%
100000	15%	15000	15000	15000	15000	15000	75.0%
本金不贖回，只計算每年利息							
	3.複利	本利和	本利和	本利和	本利和	本利和	
100000	1%	101000	102010	103030	104060	105101	5.1%
100000	5%	105000	110250	115763	121551	127628	27.6%
100000	10%	110000	121000	133100	146410	161051	61.1%
100000	15%	115000	132250	152088	174901	201136	101.1%
本金不贖回，利息取回後再加入本金投入							

6	7	8	9	10			
利息	利息	利息	利息	利息	獲利	本利總計	投報率10年
1000	1000	1000	1000	1000	10000	110000	10.0%
5000	5000	5000	5000	5000	50000	150000	50.0%
10000	10000	10000	10000	10000	100000	200000	100.0%
15000	15000	15000	15000	15000	150000	250000	150.0%
本利和	本利和	本利和	本利和	本利和	獲利	本利總計	投報率10年
106152	107214	108286	109369	110462	10462	110462	10.5%
134010	140710	147746	155133	162889	62889	162889	62.9%
177156	194872	214359	235795	259374	159374	259374	159.4%
231306	266002	305902	351788	404556	304556	404556	304.6%

看過上面的複利試算表，得知我們的投資只要持之以恆，提早開始，將能輕鬆達成以下目標：

複利（投報率）=>10%

時間=>5~10年以上

投資報酬率=>65~150%以上

但是，要怎麼達成10%以上的複利目標？我認為還是要從投資心法說起。

達成10%複利的2大心法

心法1. 越簡單的事越不簡單

不管是從SARS時期、雷曼兄弟事件、金融海嘯，甚至到2020發生的新冠肺炎，近幾十年來大小金融風暴不斷，影響著股票漲幅，市場依舊還在，但經歷過的投資人大多傷痕累累，只有觀念正確的投資人，有機會持續獲利。

如果你也可以跟野男人一樣，選擇好想投資的標的後，抱持著穩健投資的正確心態，看到股市跌的時候反而是開心的，那你就開始進入長期獲利的康莊大道了。

在眾多股票裡，舉凡鋼鐵類、塑化類、電子類、電信類、航運類、題材類、金融類、傳產類等選擇，在我過去十多年的股票運作經驗裡都經手過，當然也包括前述各種操作方式，不過，最

終我還是以「長期收益、局部差價」的投資方式為主，所以目前我只關注金融跟少數傳產股，其他都不在關注範圍內。

因為排名前幾名的金融股每年的營收幾乎都是穩定成長，除了2022防疫保單的理賠讓獲利大傷，將會反映在2023的配息金額上面，不過既然是長期投資就不需要對單一事件過度恐慌。

只要是每年都有固定的配息，而股價是在合理的箱型區間作波段，就都還是符合「長期收益、局部差價」的投資原則。

說起來很簡單，就是漲的時候賣掉一些，跌的時候補回一些，但在實際執行的時候，最不簡單的事就是要面對人性這件事，也就是反向思考。

心法2. 簡單的事重複做就是不簡單

成功的人找方法，失敗的人找藉口，在股票的世界裡，應該就是紅色（正報酬）跟綠色（負報酬）的對抗了。「長期收益、局部差價」是以追求紅色為第一要件，再來追求紅色數字的多寡。

不過，以追求紅色為第一要件，再追求數字多寡，看起來很簡單，執行起來卻需要克服心魔，堅守投資紀律。

每個人承擔風險的能力不同，能承擔多少也是因人而異，但是如果想要資金安全，同時又要有可觀的報酬率，「耐心」是絕對少不了的重要關鍵。說穿了，這是一種對人性的掌控，暴漲時不追，狂跌時不害怕，就是進入股票市場的不敗法門，但要做到談何容易？

以我過去十多年運作股票的體驗，不管是當沖、做空、做多、波段操作、除權息操作、殖利率運作，大概可以做股票的操作方式都嘗試過了，整天有空時就在看盤，結果就是忙了一整年，有時小賺，有時小賠，總覺得好像花了很多時間，卻沒有累積到應該要有的收穫。

直到這四年，我調整完運作方式之後，以平靜的心情運作股票，接著把持股部位逐年拉大，四年的平均報酬都超過20%，結算2021年獲利更超過35%，不過2022的損益反映2021的實際狀況，差不多降到15%，預估2023應該會再下修到不到10%，不過即使是這樣，統計這5年下來，平均超過15%應該是沒甚麼問題，也就是說只要維持之後的5年平均年化報酬能夠超過10%，10年100%的報酬率可以達成，這樣一年一年的作很簡單，但能夠重複這樣做10年就不算是一件簡單的事了。

長期收益、局部價差的6＋3選股法

一、權值股

選擇權值股，主要是因為這些公司對於股票市場都有一定的影響力，當然對台灣也有相對的影響力，扣除掉我自己不熟悉的類股，大概只剩下金融類股跟傳產類股。

二、大到不會倒

經金管會認證大到不能倒（系統性重要銀行D-SIBs）的銀行

包括第一金、富邦金、中信金、國泰金、兆豐銀、合庫金、第一銀。簡單來說，你把錢存在這些銀行裡，如果他們倒了，還有政府做擔保，不過話說回來，如果這些銀行出事了，國家應該也出事了，不過因為防疫保單事件，2022年底認證達標的銀行僅剩富邦，中信符合標準，國泰金及合庫金則是處在達標臨界點。

三、固定配息

每一年的盈餘都會提撥「現金股利」給股東。

四、殖利率／配息率

Eps除以股價，就是用來判斷投資報酬率的參考，用單一股票來判斷的話，4%~10%都有可能，因為分母是股價，當分子固定了之後，分母的高低，就影響著殖利率的高低。

而每一次配息時，分配股利至少40％至50％給股東，也就是如果年度EPS是2的話，至少提撥0.8~1為現金股利。

五、穩定成長

營收、獲利都能夠穩定成長。

六、資本額夠大

資本額至少要在1000億元以上。

符合以上六大選股指標，大概已經幫你篩選掉市場上超過

2/3的股票了，如果符合六大選股指標，再加上

　　▲本益比12以下

　　▲股價淨值比1~1.5之間

　　▲殖利率4~6%

　　這三項進場訊號，就是我會選擇投資的股票標的了。我們以金融股為例：

　　為什麼以中信金為例，因為過去10年的股價區間落在16～28，箱型區間十分穩定，且股價不高好入手，最好的時候漲不過30，跌到最差在16上下。

　　以2022年7月為例：

2022年7月

中信金股價：23元

>本益比7.95

>股價淨值比1.1

>殖利率4.62%

>過去5年平均配息1.02，平均配息率約50%

>資本額1999億

>處於穩定成長與獲利的狀況

>>>符合6+3的選股條件

長期收益、局部價差的操作法

當選擇好符合條件的標的後，要一次買進或分批買進都沒有關係，但切記，資金不要一次用完，你需要保有30％至50％的預備資金，在大盤整理或大跌時，可以分批買進，降低持有成本。

買了股票之後會賠錢是正常的，要先有這樣的認知，持續運作，把每年配的現金利息再投入，才會產生複利的效果。這一套「長期收益、局部價差」的操作法，就是價值型存股加上波段操作，這樣的方式裡有一個前提，就是股票的數量要夠多，如果還不夠多，就等存夠多了再開始箱型區間的波段操作。

那到底多少算多？以中信金來說，至少50張，最好是100張，所以操作的順序是：

先價值存股

後波段操作

我們仍以中信金為例，假如手中存有100張中信金，平均持有成本為23元一張，2021年配發的現金股利為1元，也就是1張有1000元，100張就是有10萬元的現金股利，殖利率為1/23=0.043=4.3%，持有成本降為22元。

接下來等現金股利發放下來之後，把配發的現金再回補同等數量的股票約5張，單張持有成本即降為21.9。

2,300,000（投入金額）/105張=21904（單張成本）

然後再進行箱型區間價差操作，操作的原則為：

‧股價跌5%，繼續買進股票數量的5%

‧股價漲了5%，賣出股票數量的5%

假設我持有中信金100張，單張持有成本為23元，當股價跌5%來到21.85元，補進5張；當股價漲5%來到24.15元時，賣掉5張。若是不漲不跌，就是維持現況，持續漲就持續賣，持續跌就持續買。

5張是一個參考數量，如果你不想賣這麼多張，也可以賣2張就好，買的時候也是相同的道理。

或許你會擔心，如果像2020年疫情剛來時，一路跌到16元怎麼辦？當然就是按照紀律慢慢地買下去，這是再簡單不過的道理，但如果你在那個時期手上持有股票，很可能不見得敢繼續買，這就是人性。

不過，如果你買到成本大幅度下降，而且成本可以降到一個安全數字時，股票一時的漲跌就變得跟你沒關係了。所以，再次回顧我們的投資目標：

以5%的殖利率目標+5%箱型區間價差目標

=年化報酬率10%以上

這不就輕鬆達成了嗎？

推算合理的進場價位

前面提到我們希望每年至少有5%的殖利率，而殖利率的計

算方式則是股價與配息相對關係，也就是配息/股價=殖利率。

反推回去如果我們希望殖利率是5%，而當年的配息是1元，那合理的股價就是1除以5%=20

檢視方式：

· 當年度第三季結束後，觀察前三季獲利總和，推算當年度的獲利總和
· 再以當年度獲利總和，推算隔年的預估配息
· 以預估配息搭配殖利率，推算出適合進場的金額

舉例：

2021年前三季中信金累積獲利2元	
預估值	計算方式
整年度eps=2.66元	2×4÷3=2.66
2022配息＝1.2元	2.66×45%(平均配息率)＝1.2
殖利率6%＝19.2元 殖利率5%＝24元 殖利率4%＝30元	1.2×16＝19.2（十分便宜） 1.2×20＝24（合理價位） 1.2X25=30（有點貴）
以金融股平均4~5%的殖利率來說，預估24至30元的價格都可以買進，等之後除權息。如果能等到19元這個價位，那更是需要把資金放進去，不過回頭看2021年以前，到達這個價格的時間點沒幾次。	

2022年前三季中信金累積獲利1.6元	
預估值	計算方式
整年度eps=2.1元	2×4÷3=2.1
2022配息＝0.9元	2.66×45%＝0.9
殖利率6%＝14.4元 殖利率5%＝18元 殖利率4%＝22.5元	1.2×16＝14.4 （十分便宜） 1.2×20＝18 （合理價位） 1.2X25=22.5 （有點貴）
備註：2022因防疫保單事件Q4虧損，年度累積EPS為1.55 固推算出的金額可能會與實際落差較大	

野男人的選股全步驟	
如何選股	以權值股為主 　△5年以上皆有發放股息 　△配息率4成以上 　△穩定成長 　△避開電子股 　△避開景氣循環股 再依照 　○資本額 　○本益比 　○股價淨值比 選定目標後判斷是否值得買
如何運作	△先存股後波段 △5%理論
如何調整	△當年度第三季結束後觀察，以前三季獲利總和推算 　當年度獲利總和 △再以當年度獲利總和推算隔年預計配的股息 △再以預計配的股息，推算預計的配息率，算出適合 　購買的價位

金融股投資心得

或許會有人質疑，股票族群這麼多，為什麼我只存金融股呢？而且金融股這幾年也漲了不少，現在存股還來得及嗎？如果我們以2021年來看，很多金融股的股價淨值比還在1左右，但年度獲利比起前一年增加了將近一倍，獲利增加的主因包括壽險業務量的增加，而股票的價格除了持平之外不是漲就是跌，當然隨時都有可能產生適合的買賣點。

像是以壽險為主的金控公司，如富邦金、國泰金，還有長期被低估的新光金，以及併入台灣人壽的中信金，納入中壽100%持股的開發金，壽險業務都讓這幾家金控的獲利如醍醐灌頂，背後原因和台灣步入老齡化、少子化社會的長期趨勢有關，至於其他以銀行本業為主的金融股，表現就比較平凡了。

可以參與長期社會趨勢的產業，就有長期獲利的潛力，但你要有放長期的打算，而且要有短期虧損的準備，比較不會影響你的心情。以我自己目前持有的中信金、國泰金和之前漲過一大波段的富邦金，目前的股價淨值比（P/E）都差不多在1點多倍，新光金更是不到1倍，以中長線來看，相信未來還會有補漲的空間，再加上配息率，當他們的股東穩當獲利，不是一件困難的事。

雖然在2022整年受到防疫保單的影響，大部分的權值金融股獲利都大幅度的衰退，一度讓投資金融股的股東擔心配不出息來，不過這屬於單一事件，而政府在2023年初拍板定案金控可以

動用「資本公積」來配發現金股利也放寬了配息的條件，可以以法定盈餘公積發放現金股息，所以大部分排名前面的金控都應該還是發的出股息來，雖然會少一點，不過也算是還可以接受，而2023年開始也回復正常的營運了，長時間看來，這也就算是單一事件，不需過度擔心了。

而且比起電子股和景氣循環股，金融股股價的波動相對低，我覺得這個世界還有很多有趣的東西值得去探索，實在不用花太多時間在看盤，偶爾關心一下就可以了，波動低的金融股非常符合我自己想要的投資模式。

不過還是要說，每個人的風險承受度不同，喜歡的投資商品也不一樣，你可以選擇自己喜歡的股票族群來投資，但要記得，把操作方式擬定好了之後，就是照表操作，剩下來的就是不要想太多，等著領股息，要創造個人的被動收入，就是讓錢去賺錢，絕對沒有錯。

除了模組化的重複運作之外，在2022年我還嘗試了2個不同類型的投資方式，一個就是參與國泰金的增資認購，買進了4652股，價格為35元，下修了平均成本。

另一個則是比較積極的抄底計畫，2022年的年初開始，大盤從17000多點持續下跌，一路下跌到13000點左右，跌幅高達4000多點，一直到10月份才止跌，並且強勢反彈，金融股也一樣跌，而且跌的很深，當然這個下跌的過程我一樣是用波段操作持續補進數量，不過到了10月份的時候，因為跌幅夠深，眼見應該離底部不遠，決定融資200萬左右，分別補進富邦25張，平均股

價約49.5元，中信金54張，平均股價約20.15元。

直到2023的5月，大盤一路回到16000多點，陸續將融資的持股全部出脫，還回款項後得到超過40萬的獲利，小有斬獲。

不過，這是屬於再進階的操作手法，並不是每個人都適用，下面提供給你幾個具體評估的參考。

1.甚麼時候需要這麼作

大盤下跌3000點以上！

前提是標的投資必須正確，並觀察成交量與底部是否形成，不過大多數的人等不到這裡就已經出場了，而大盤要跌到這個階段也不是很容易，必須你一開始投資時的設定很明確，能夠反指標，下跌時按照紀律逐步買進，才會有機會到抄底的這個階段。

2.借錢的方式

適當的負債對於資產的分佈是利大於弊，不過必須是正當合理的方式。

合理的方式：

‧不動產質押

從現有的不動產貸出資金再運作投資是一種滿合理的方式，因為現在的房貸利息還不算太高，而且銀行也有很多方案可以選擇，不過重點是自身的財務規劃要得當，因為如果不小心錢還不出來，房子會有淪為法拍屋的可能。

．股票質押

年利息約在2%上下，能借的額度是股票市值的60%，維持率需要在130%以上，如果低於130%的話，銀行會先通知繳交保證金，如果在期限內沒有補繳，維持率還是低於130%的話，股票就會被銀行強制賣出。

．維持率的計算方式：

股票市值÷借款金額×100%

不過稍微要注意的是股價會浮動，所以要注意一下自己的維持率。

不合理的方式：

．親友借貸

人家說借錢容易還錢難，不管你是要借錢的那一方，還是借錢給人的那一方，談到錢，還真傷感情，也尷尬，最好就是不要開始。

．高利貸

大家都知道，高利貸的利息是用幾分利來算的，如果是以3分利（3%）10天一期來換算的話，一個月差不多是10%的利息，如果是借10萬，一個月之後要還11萬，這樣的利息你還敢借嗎？

當然，真的會用到高利貸這個方法的人大多都是信用不良，銀行無法借錢給你，或是資訊不足，無法判斷，所以平時還是要維護好自己的信用關係，正常繳交信用卡消費，維持一定的銀行往來紀錄，多研究相關資訊，以免急病亂投醫。

信用貸款：

也是屬於利率較高的借貸方式，用來投資不太建議，不過，有時候也是資金調度的一個選項，比如說買房貸款金額還有些差距，可能就會考慮用信貸補足，至少債權方是銀行。

3.誰適合借錢來投資

銀行喜歡借錢給有錢的人，相對的，如果你有錢，也就比較容易跟銀行借錢，即使是滿手現金的有錢人買房子還是會透過銀行貸款，因為付給銀行些許的利息，讓銀行出錢幫你取得不動產，除了你可以先行使用不動產之外，既有資金的運用彈性變大，不動產還具有增值與抗通膨的特性，這也是為什麼有錢人會比一般人容易變得更有錢。

所以，資金配比完整，承擔得起風險，還得起錢，才是適合借錢來投資的人。

4.外人認為冒險的心態

觀察開刀的人可能會認為開刀的人在做的事情是十分的冒險，是冒著他人的生命危險，可是卻不知道開刀的人是經歷過多少的研究與練習，勢必要把開刀的風險降到最低。

觀察參加極限運動的人是不是覺得在做極限運動的人都在冒險，是冒著自己生命的風險去挑戰極限，可是確不知道運動員是經過多少的練習與心理建設，克服了自身的恐懼之後，試著把風險降到最低，而來進行挑戰。

不會投資的人觀察會投資的人總會覺得運作投資的人都是在冒險，無論你運作什麼投資他們都會覺得風險重重，卻不知道長期投資的人就是因為評估過個股的特性，複利的運作，通膨的影響等，以勝率最高的耐心來運作這些投資方式，讓風險降到最低。

上述這些例子都是在說明很多對於冒險的看法都是存在於沒有相對經歷的人身上，也就是說，依照自己的想法去運作才是對自己最負責任的態度。

當然，風險是存在於每件事情上面的，即是是你甚麼都不做，而我們能做的就是降低風險，穩穩的運作，而非外人認為的冒險。

不厭其煩地提供幾點提醒：

◎務必堅持投資紀律，過程雖然無趣，但持之以恆是老生常　談，也是老祖宗的智慧。

◎少少的報酬率累積起來，就會是可觀的報酬率。

◎賠錢只是過程，絕對不要讓投資股票影響你的心情。

◎不要聽別人說，股票市場上沒有穩賺不賠的明牌。

最後，這是野男人鍾愛的一句話：

你不一定要很厲害才開始，
但是你必須開始才會變得很厲害。

後記

在過完2023年之後，也就是我完成鼻咽癌三期治療的第5年，以醫學的治療角度來看，復發率降到可以用治癒來評比，也就是可以說是復原了，當然，就像是之前提到的，從生理到心理的狀態來說，即便是治癒，復原了，我仍然像是裝了義肢的殘障，看起來沒事，但實際上並不是這樣。

伴隨著我的後遺症大約剩下每天要固定洗鼻子，清理殘留在鼻咽腔的分泌物，也習慣了這樣的共存，雖偶有不適，但相較其他可能的後遺症如口乾、頭頸僵硬、吞嚥問題，甚至於復發等等，我剩下來的後遺症是少之又少，這已經足夠讓我充滿感激了。

除了命運的安排之外，自己能做的努力就是不間斷的運動，治療完成後休息一個月就開始持續運動一直到現在維持每週3～5天（有氧加無氧），慢慢增加頻率，搭配定期回診，正確飲食（吃原型食物，多蛋白質），從一開始完全沒體力，呼吸不順，鼻咽腔卡分泌物，沒有口水，一直到目前的狀況自覺比確診前更健康，甚至可以說是有些健身上癮的現象，平時一天沒去就會覺得怪怪的，而不管是健身，或是任何的運動項目，只要能持續，對自己的身體一定都會有正向的幫助，健康優先，體態自然不會太差，還能有效的增加體內內啡肽與多巴胺的分泌，促使身心愉悅，增強判斷與思考的能力。

持續運動可以增強免疫系統幫助自癒，健康飲食則能提供身體需要的養分，而回診則是讓你心安，搭配醫生的專業調整治療，最重要的則是自己的心理狀態，有不適就回診就醫，剩下的

就把自己當正常人好好生活，不用想太多。

　　說穿了這整個過程，跟長期投資所需要具備的條件實在十分貼近，都是需要持續不間斷的運作，維持平靜的心情。所以廣義的來說，投資這件事當然不只在金錢這件事而已，你的身體健康，你的專業，你的興趣，都是需要用投資的角度去思考的。

　　而這些事情的思考，則跟你自己的動機有著很密切的關係，比如說我做的所有投資項目，是希望我的家人能有較好的生活品質，創造更多的被動收入則是希望能把時間還給自己，陪伴家人，另外是自我實現創作的目標，持續健身運動則是維持自己的身體狀況，一部分是希望能延長與小孩在一起的時間，一部分是希望讓他們以後不會對自己的健康太過擔心，而伴隨來的紅利則是身體的線條變明顯，與肌肉比例的提升。

　　而家人，就是我最重要的動機來源。

　　找到你的動機，對於運作投資這件事一定會有明確的幫助。

　　除了持續運動，再來就是持續閱讀寫作，持續創作，我在予人咖啡的地下室作了一個工作室兼小型展覽空間，有時間就會在下面創作，作品則是在予人咖啡與百憂解陽台都有放置提供觀賞。

　　祝福大家都能在投資的這條路上找到屬於自己的絕對方程式，活出自己精彩的自由人生！

斜槓野男人部落格

國家圖書館出版品預行編目資料

野男人的投資叢林生存法則／高朕慶著. --初
版.--臺中市：白象文化事業有限公司，2023.12
　　面；　公分
ISBN 978-626-364-085-6（平裝）
1.CST: 投資　2.CST: 創業　3.CST: 成功法
563　　　　　　　　　　　　112011147

野男人的投資叢林生存法則

作　　者　高朕慶
校　　對　高朕慶
插　　圖　高朕慶
發 行 人　張輝潭
出版發行　白象文化事業有限公司
　　　　　412台中市大里區科技路1號8樓之2（台中軟體園區）
　　　　　出版專線：（04）2496-5995　　傳眞：（04）2496-9901
　　　　　401台中市東區和平街228巷44號（經銷部）
　　　　　購書專線：（04）2220-8589　　傳眞：（04）2220-8505
專案主編　陳逸儒
出版編印　林榮威、陳逸儒、黃麗穎、陳婷婷、李婕、林金郎
設計創意　張禮南、何佳諠
經紀企劃　張輝潭、徐錦淳、張馨方、林蔚儒
經銷推廣　李莉吟、莊博亞、劉育姍、林政泓
行銷宣傳　黃姿虹、沈若瑜
營運管理　曾千熏、羅禎琳
印　　刷　基盛印刷工場
初版一刷　2023年12月
定　　價　320元

白象文化　印書小舖　PRESSSTORE出版銷售　出版・經銷・宣傳・設計
www·ElephantWhite·com·tw　f 自費出版的領導者　購書 白象文化生活館